Anas Ayad
Uwe Dippel

ZFS e sistema multiagente: Backup e recuperação de máquinas virtuais

Anas Ayad
Uwe Dippel

ZFS e sistema multiagente: Backup e recuperação de máquinas virtuais

ScienciaScripts

Imprint

Any brand names and product names mentioned in this book are subject to trademark, brand or patent protection and are trademarks or registered trademarks of their respective holders. The use of brand names, product names, common names, trade names, product descriptions etc. even without a particular marking in this work is in no way to be construed to mean that such names may be regarded as unrestricted in respect of trademark and brand protection legislation and could thus be used by anyone.

Cover image: www.ingimage.com

This book is a translation from the original published under ISBN 978-620-2-30661-4.

Publisher:
Sciencia Scripts
is a trademark of
Dodo Books Indian Ocean Ltd. and OmniScriptum S.R.L publishing group

120 High Road, East Finchley, London, N2 9ED, United Kingdom
Str. Armeneasca 28/1, office 1, Chisinau MD-2012, Republic of Moldova, Europe
Printed at: see last page
ISBN: 978-620-8-20946-9

RESUMO

À medida que o desempenho do computador aumenta, torna-se mais desejável utilizar o desempenho disponível de forma eficiente. Um sistema operativo tem normalmente o controlo total dos recursos físicos do sistema. O sistema operativo controla o acesso aos recursos e partilha-os entre os diferentes processos e aplicações do sistema. O advento da tecnologia de virtualização mudou esse conceito. Na virtualização do sistema, os recursos físicos são controlados e geridos pela plataforma de virtualização. A camada de virtualização (também conhecida como *Virtual Machine Monitor* ou *VMM*) tem o controlo total sobre os recursos físicos do sistema, em vez do sistema operativo. Ela aloca e divide os recursos entre as diferentes máquinas virtuais em execução.

Um dos principais benefícios da implantação da tecnologia de virtualização de sistemas é o isolamento fornecido pela plataforma de virtualização. Aumenta a segurança onde o convidado infetado ou comprometido tem efeito zero sobre os outros convidados em execução e sobre a própria máquina anfitriã.

O isolamento atual proporcionado pela camada de virtualização encerra o estado do sistema convidado, de modo que não há conhecimento sobre o que está a acontecer nessa máquina. Existe uma lacuna de conhecimento ou falta de conhecimento superior, designada por *lacuna semântica*

Em trabalhos anteriores, os investigadores tinham reconhecido parcialmente este dilema no ambiente virtual, mas com todos os avanços que o campo da virtualização testemunhou nos últimos anos, colmatar a lacuna semântica tornou-se cada vez mais importante e ganhou um enorme interesse por parte dos investigadores. Foi reconhecido como um domínio novo e distinto, designado por *VMI* (Virtual Machine Introspection).

Nesta tese, propomos e implementamos uma nova abordagem para monitorizar a disponibilidade das máquinas virtuais. A ideia consiste simplesmente em ter um monitor centralizado e agentes móveis. Os agentes móveis serão espalhados entre as máquinas virtuais em execução, cada máquina hospedará um agente. O monitor verifica continuamente a disponibilidade da máquina remota e usa os agentes para sondar o estado do sistema operativo dos convidados remotos, analisando os rendimentos dos agentes remotos.

RECONHECIMENTO

Gostaria de expressar a minha sincera gratidão ao meu supervisor, o Sr. Uwe Dippel, pela orientação e encorajamento para alcançar e atingir o nível de conhecimento e experiência em que me encontro atualmente.

Devo a minha mais sincera gratidão aos meus pais, pai e mãe. E gostaria de dizer "Pai, sem ti, não estaria aqui, neste lugar e nesta altura, obrigado". E também gostaria de agradecer aos meus irmãos e à minha adorável irmã pelo amor e apoio. Obrigado a todos, e que Alá vos abençoe a todos.

Conteúdo

CAPÍTULO 1

INTRODUÇÃO

1.1 Introdução

A virtualização dos recursos informáticos tem uma longa tradição, quase tão longa como a existência da computação eléctrica. Os computadores eram caros, lentos e permitiam a execução de um programa de cada vez. Em meados da década de 1960, o Centro de Investigação Watson da IBM foi a sede de um projeto que deu origem ao conceito amplamente utilizado de multitarefa e multiprogramação, em que os recursos são divididos por um grande número de utilizadores que interagem com o mesmo sistema em simultâneo, em vez do processamento sequencial em lote de antes. Isto foi feito no projeto M44/44X.

O advento da tecnologia de virtualização foi outra mudança proeminente na indústria informática. Com a interação simultânea, tornou-se possível oferecer sub-partes do hardware disponível a processos e utilizadores específicos, como memória e ciclos de relógio da CPU. A partir daí, foi apenas uma questão de tempo reservar esses recursos para programas que simulavam um ambiente de computação completo dentro ou sobre o ambiente real, fisicamente existente, embora com especificações inferiores. Esta camada, posicionada entre o hardware físico de um computador e a implementação ou emulação de um computador distinto e adicional, é conhecida como camada de virtualização.

A camada de virtualização (também conhecida como *Monitor de Máquina Virtual* ou *VMM*) mascara os recursos físicos do sistema e os distribui entre diferentes ambientes virtuais em execução. Estes ambientes logicamente distintos podem alojar uma variedade de instâncias de sistemas operativos compatíveis para serem executados lado a lado na mesma máquina. A virtualização eleva o conceito de *"uma máquina, vários sistemas operativos e várias aplicações"*.

A capacidade destes sistemas operativos e das aplicações a eles associadas para funcionarem num dado ambiente virtual está altamente dependente ou relacionada com o facto de a camada de virtualização criar a ilusão de que têm acesso total aos recursos físicos que lhes foram tornados visíveis pela camada de virtualização. Dado o controlo, o acesso e a partilha de recursos exercidos pelo VMM, coloca-se a questão de saber se é possível implementar caraterísticas, funções ou mesmo serviços de sistema comuns num VMM e disponibilizá-los a todas as máquinas virtuais em

4

funcionamento. Esta questão coloca-se porque o modelo VMM permite que determinados serviços sejam portáteis e estejam disponíveis para funcionar em vários sistemas operativos convidados sem necessidade de quaisquer modificações. Assim, os serviços desejados serão activados (ou seja, tornar-se-ão visíveis) para um determinado convidado sempre que necessário.

Além disso, os sistemas operativos são maiores e mais propensos a falhas de segurança e fiabilidade. A execução de um serviço num sistema operativo torna-o mais vulnerável a falhas maliciosas e aleatórias. Por conseguinte, o facto de os serviços serem empurrados para baixo e fornecidos a partir de um local seguro aumentará a segurança do serviço. Torna difícil, mesmo para o convidado comprometido, modificar ou afetar o serviço fornecido pelo VMM.

1.2 Contexto

O facto de empurrar os serviços para a camada VMM está rodeado de dificuldades e limitações. Entre elas, encontra-se o que se designa por **"lacuna semântica"**.

A lacuna semântica, ou falta de conhecimento superior, é o resultado do capsulamento e isolamento dos ambientes virtuais em execução fornecidos pela camada de virtualização. Manter um conhecimento semântico do estado interno de qualquer sistema operativo convidado (como processos, threads, utilizadores, serviços, objectivos de desempenho) é difícil ao nível do VMM, uma vez que não existem interfaces padrão que permitam a um VMM sondar o estado interno do convidado.

1.3 Objectivos da investigação

O principal objetivo deste trabalho é tentar reduzir a lacuna semântica no ambiente de virtualização. As técnicas e métodos actuais utilizados para colmatar a lacuna semântica (também conhecida como **VMI** - Virtual Machine Introspection) estão preocupados em fornecer o conhecimento de apenas um aspeto, o estado interno do sistema convidado em execução. A estrutura proposta nesta tese fornece o conhecimento sobre ambos os aspectos da máquina virtual: o estado interno, representado pelo estado do sistema operacional convidado hospedado dentro do ambiente virtual, bem como o estado externo, que é representado pelo próprio estado do ambiente virtual.

Num ambiente virtual, é possível que o ambiente virtual possa falhar ou congelar, a estrutura proposta apresentada nesta tese automatiza a recuperação das máquinas virtuais como um ensaio para colocar a máquina virtual de novo em serviço, aumentando assim a disponibilidade das máquinas virtuais monitorizadas.

1.4 Organização da tese

Esta tese é composta por seis capítulos. O Capítulo 2 apresenta uma revisão exaustiva da literatura sobre esta tese. São apresentados os conceitos e os fundamentos da virtualização, dos agentes e dos sistemas multiagentes. Inclui também um resumo da discussão sobre o problema de investigação que revela as causas e dá uma visão geral dos outros esforços ou formas reconhecidos que foram propostos ou implementados.

Capítulo 3   ilustra uma análise exaustiva da estrutura proposta; será apresentada uma estrutura para ultrapassar a limitação conhecida da introspeção de máquinas virtuais. No final deste capítulo, será ilustrado um projeto concluído do sistema proposto.

O capítulo 4   aborda a fase de implementação, onde será explicado e coberto um quadro geral da Monitorização de Máquinas Virtuais baseada em Agentes. Abrange também uma explicação completa das principais funções do sistema e das técnicas implementadas, complementada com fluxogramas completos para algumas das partes principais.

O capítulo 5   descreve as configurações, os testes e a avaliação dos resultados obtidos nas simulações e nas medições. É também dada uma breve explicação sobre o controlo do monitor proposto através da utilização das interfaces do monitor disponíveis.

Capítulo 6   conclui esta tese e recomenda possíveis melhorias no quadro proposto.

CAPÍTULO 2
REVISÃO DA LITERATURA
2.1 Antecedentes da virtualização

2.1.1 Introdução

Na sua forma concebida, o início da tecnologia de virtualização de sistemas remonta à década de 1950. Foi o resultado do rápido desenvolvimento do que era conhecido como TSS (Time Sharing System). O termo "*Time Sharing*" foi introduzido pela primeira vez por Christopher Strachey, quando descreveu a técnica de multiprogramação, em que um programador pode desenvolver um programa na sua consola enquanto, ao mesmo tempo, outro programador depura o seu programa sem ter de esperar pelos periféricos [1]. A virtualização foi utilizada principalmente para recriar ambientes de utilizador final numa única peça de hardware de mainframe através da multiplexagem dos recursos entre diferentes utilizadores.

Em 1960, a IBM introduziu o Time Sharing System, seguido do IBM System/360 em 1964, que representava uma nova geração de equipamento informático eletrónico concebido por Gene Amdahl. Com a popularização da virtualização na comunidade IBM, a MVMUA (Metropolitan Virtual Machine Users Association) foi fundada em Nova Iorque em 1973 com o objetivo principal de promover a utilização do sistema operativo VM. A tecnologia baseada em mainframes desvaneceu-se após a aquisição de um computador pessoal se ter tornado acessível com o advento da arquitetura x86 e dos PCs baratos.

Mais tarde, nos anos 90, a crescente consciencialização das vantagens oferecidas pela tecnologia de virtualização permitiu que o uso da virtualização voltasse a crescer. A virtualização não foi usada para fins de multiprogramação, mas para uma variedade de outros fins, como por exemplo, a criação de ambientes virtuais que permitem que vários sistemas operativos sejam executados simultaneamente na mesma máquina física (ou seja, uma máquina, vários sistemas operativos, várias aplicações).

2.1.2 Taxonomia da tecnologia de virtualização

Existem várias formas de implementação da tecnologia de virtualização. Esta tese irá explorar os detalhes da chamada virtualização de servidores, bem como descrever brevemente as outras formas de virtualização. A Figura 2.1 mostra as principais técnicas de implementação da tecnologia de virtualização, extraídas de [2, 3, 4, 5, 6, 7 e 8].

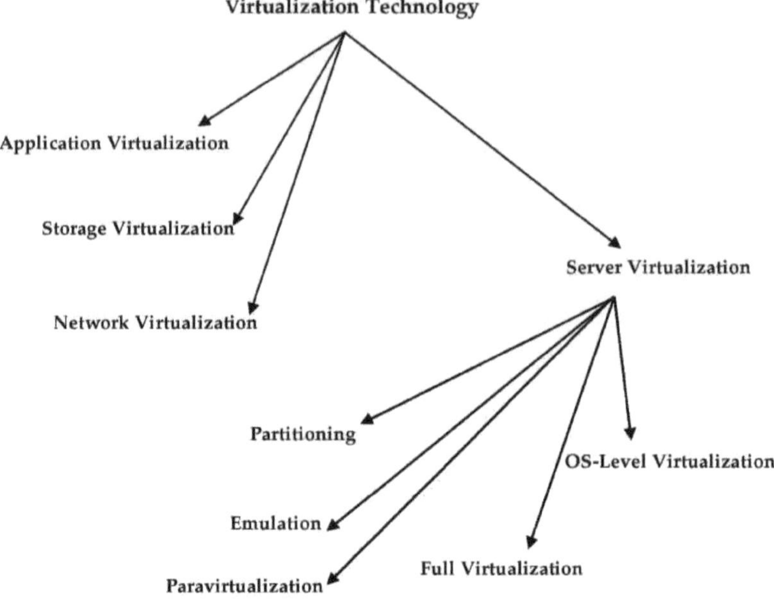

Figura 2.1 Taxonomia da virtualização

2.1.3 (a) Virtualização de aplicações

A virtualização de aplicações ou *software* é a mais recente adição à crescente família de virtualização. Na virtualização de aplicativos, a camada de virtualização desacopla o software do ambiente de tempo de execução subjacente (sistema). Engana o software, fazendo-o acreditar que está a interagir diretamente com o sistema operativo (ou seja, variáveis ambientais, bibliotecas, ficheiros, etc.). Enquanto intercepta de forma transparente, redirecciona as modificações do sistema subjacente e armazena-as numa localização (ficheiros dentro do pacote da aplicação) para que estejam disponíveis para a próxima execução ou quando a aplicação as necessitar [9, 10, 11 e 12].

Com a virtualização de aplicações implementada, é possível obter uma série de vantagens e benefícios. Por exemplo, *o encapsulamento da* aplicação, em que a aplicação é pré-embalada uma vez, transmitida a pedido e implementada em qualquer localidade. A aplicação pré-embalada requer uma instalação quase nula, uma vez que todas as definições e configurações necessárias são armazenadas em ficheiros dentro do próprio pacote [13, 14, 15 e 16].

2.1.2(b) Virtualização do armazenamento

Os fornecedores de sistemas de armazenamento produziram várias tecnologias, tais como: NAS[1], SAN[1 2], iSCSI[3], Fiber Channels, bem como muitas outras aplicações e soluções simplificadas que ajudam a melhorar o desempenho dos centros de armazenamento e a aumentar a disponibilidade dos dados [17]. A interoperabilidade em ambientes heterogéneos é um dos problemas com que se depara a indústria do armazenamento, como a partilha ou o acesso a ficheiros alojados em diferentes plataformas de armazenamento. O advento da tecnologia de virtualização do armazenamento resolveu esta lacuna, fazendo com que uma variedade de dispositivos de armazenamento descentralizados e heterogéneos fossem mapeados num conjunto de armazenamento virtual. A camada de virtualização abstrai completamente os recursos de armazenamento físico, independentemente do tipo ou do local onde o dispositivo de armazenamento se encontra, e revela interfaces simplificadas para interações entre dispositivos. A camada de virtualização apresenta o espaço lógico para os dados a armazenar e trata do processo de mapeamento para a localização física real [18, 19 e 20].

2.1.2(c) Virtualização da rede

Através da pesquisa bibliográfica, foram escritas muitas definições diferentes para definir *a virtualização de redes*. Hagen descreve-a como "*a capacidade de se referir a recursos de rede de forma lógica, em vez de ter de se referir a dispositivos de rede físicos específicos, configurações ou colecções de máquinas relacionadas*" [21]. A camada de virtualização reúne os recursos físicos da rede e os divide logicamente em canais. A Figura 2.2 mostra três canais (ou seja, redes virtuais) criados por cima de uma única infraestrutura de rede física. Cada canal é capaz de fornecer os mesmos serviços e caraterísticas, como o encaminhamento e o endereçamento, semelhantes aos da rede física que lhe está subjacente [22].

---

[1] Armazenamento ligado à rede.

[2] Rede de área de armazenamento: é uma sub-rede de alta velocidade de dispositivos de armazenamento partilhados, especificamente dedicada à tarefa de transportar dados para armazenamento e recuperação.

[3] Internet Small Computer System Interface, uma norma de rede de armazenamento baseada no Protocolo Internet (IP) para ligação de instalações de armazenamento de dados.

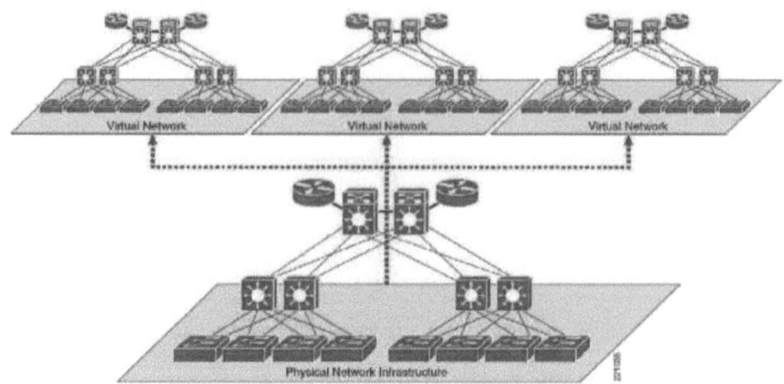

Figura 2.2 Virtualização da rede [22]

A virtualização da rede existe quer numa forma simples (no hardware de rede do anfitrião - NIC), quer nos dispositivos de rede, em que várias máquinas virtuais podem partilhar os recursos de um único dispositivo de rede físico, quer na empresa, em que podem ser criadas sub-redes virtuais completas (VLAN e VPN) [23, 24].

2.1.2 (d) Virtualização de servidores

A virtualização de servidores é a forma mais dominante de virtualização utilizada atualmente. Tem vindo a ser cada vez mais implementada, especialmente depois de os sistemas informáticos se terem tornado suficientemente potentes para utilizar de forma rentável a tecnologia de virtualização de servidores. Entre as várias definições escritas para definir a virtualização de servidores, Hagen escreveu que *"A virtualização é simplesmente a separação lógica entre o pedido de algum serviço e os recursos físicos que efetivamente fornecem esse serviço. Em termos práticos, a virtualização proporciona a capacidade de executar aplicações, sistemas operativos ou serviços de sistema num ambiente de sistema logicamente distinto que é independente de um sistema de computador físico específico"* [25].

A camada de virtualização oculta os recursos físicos, retém as instruções e, por si só, medeia o acesso ao hardware físico e aos periféricos. A apresentação lógica dos recursos físicos traz vantagens em relação à configuração original, uma vez que divide os recursos entre o ambiente virtual em execução, como a apresentação de três VCPUs (processadores virtuais) com base num processador físico. Como resultado, permite que um computador funcione como se fosse dois ou mais computadores [26]. Por vezes, a virtualização pode assumir o significado exatamente oposto, em vez de dividir os recursos entre ambientes virtuais em execução, pode reunir ou representar várias entidades como uma entidade virtual. Por exemplo, reunir uma pluralidade de ranhuras de memória (ou seja, bancos) e representá-las como uma ranhura de memória.

2.1.3 Arquitetura informática

A arquitetura complexa dos computadores fornece a plataforma em que o sistema operativo e o software de aplicação podem trabalhar. A chave para a nossa capacidade de lidar e gerir uma tal estrutura é a divisão dos computadores em níveis de abstração através de interfaces bem definidas [27, 28 e 29]. A camada de abstração do hardware (HAL) é um excelente exemplo, pois esconde a complexidade e fornece uma forma comum/unificada de o software comunicar com o hardware físico. Consequentemente, se os programadores necessitarem de o executar numa marca diferente de computadores, não terão de voltar a escrever o software [30, 31].

O sistema informático é composto por muitas interfaces que separam níveis de abstração. Os níveis de abstração estão organizados num modelo hierárquico, em que os níveis inferiores são implementados em hardware e os níveis superiores são implementados em software. A Figura 2.3 mostra algumas das interfaces e camadas importantes que compõem um computador típico.

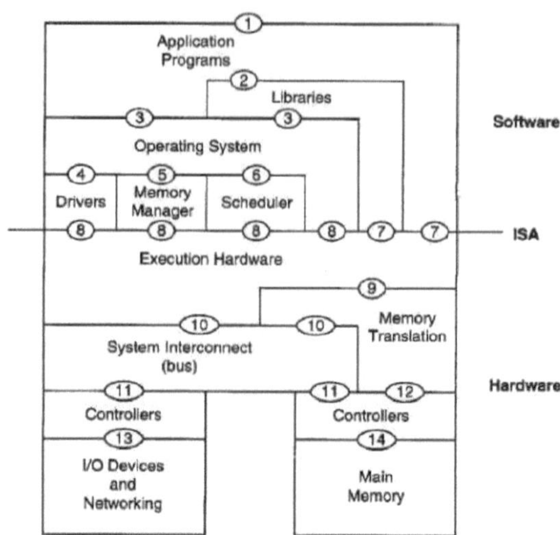

Figura 2.3 Arquitetura do sistema informático [32]

Três interfaces são importantes neste estudo: ISA, ABI e API. A ISA (Instruction Set Architecture) marca a divisão entre o hardware e o software e é composta pelas interfaces número 7 e 8. Nesta tese, será abordada a parte visível para os programas de aplicação (designada por ISA do utilizador) e a parte visível para o software supervisor (sistema operativo). A segunda interface é a ABI (Application binary interface), que dá aos programas acesso aos recursos de hardware através da interface 7 (que contém todas as instruções do utilizador) e acesso aos recursos partilhados através da interface 3. A terceira interface é a API (Application Programming Interface) [32, 33].

2.1.4 A camada de virtualização

Com base no mesmo conceito de abstração (cf. secção 2.1.3), a camada de virtualização é uma camada de software que oculta o subconjunto global de recursos informáticos e revela apenas uma representação lógica que pode ser dividida ou partilhada entre vários ambientes virtuais em execução, funcionando simultaneamente sobre o mesmo hardware físico [32]. Estes ambientes virtuais formam um ambiente de execução completo e isolado que pode alojar sistemas operativos e aplicações compatíveis. Referem-se à camada de virtualização por **VMM** (virtual machine monitor) ou **Hypervisor**, ao ambiente virtual por **VM** (virtual machine), e ao sistema operativo compatível que corre dentro de uma VM por **sistema convidado** [34].

Um sistema operativo associa normalmente todos os recursos de hardware de um único sistema sob um único regime de gestão e mantém uma relação de um para um entre ele e os componentes de hardware específicos. A virtualização quebra a propriedade exclusiva de dispositivos do sistema operativo e, através da abstração, os recursos físicos do computador anfitrião são divididos em contrapartes virtuais discretas que podem ser atribuídas para utilização por convidados individuais. A gestão da atribuição e do acesso aos recursos do sistema é efectuada através do VMM. O sistema operativo convidado que corre dentro da máquina virtual não tem conhecimento do hardware físico nem da existência da própria camada de virtualização, apenas "vê" o hardware exposto pela camada de virtualização como se fosse um hardware real [33, 34].

Como já foi referido, a ilusão do ambiente virtual é criada através de software; o VMM baseia-se nas partes físicas para realizar as funções das partes virtuais (através do mapeamento e remapeamento de recursos) [33, 34]. Popek e Goldberg estabeleceram as condições que um software que fornece a abstração deve satisfazer. São elas [35, 36 e 37]:

1. *Equivalência*: implica que a execução de um programa numa máquina virtual se deve comportar de forma idêntica à que teria se fosse executado diretamente no hardware nativo.

2. *Controlo dos recursos*: implica que não deve ser possível a um convidado (sistema ou aplicação) alterar diretamente a configuração de quaisquer recursos do sistema que lhe estejam disponíveis. Tudo isso deve ser feito através de um alocador de recursos (VMM).

3. *Eficiência*: implica que todas as instruções inofensivas devem ser executadas nativamente no hardware.

Popek e Goldberg afirmaram que os VMMs actuais satisfazem apenas as duas primeiras condições, ao apertarem e gerirem eficazmente o sistema operativo convidado e os recursos de hardware subjacentes através de emulação, isolamento, atribuição e encapsulamento [35, 36].

2.1.5 Visão geral do hardware virtual

Como já foi referido, um ambiente virtual é normalmente constituído por várias entidades virtuais ou hardware virtual, como um processador (VCPU[4]), memória, disco rígido, interface de rede, barramento USB, etc. O hardware virtual é criado e atribuído através do VMM a qualquer ambiente virtual específico.

O hardware virtual funciona exatamente como o seu equivalente real, caso contrário, o sistema convidado falhará. Por exemplo, num processador virtual, o VMM captura todas as instruções emitidas pela máquina virtual em execução, passa estas instruções para o processador físico, executa-as de forma transparente e, em seguida, devolve os resultados ao processador virtual. Com instruções incompatíveis, a camada de virtualização tem de emular a execução, executando uma ou mais instruções diferentes no processador físico e devolvendo os resultados como se tivessem sido executados pelo processador físico. A VMM deve programar o processo de execução de todas as instruções invocadas a partir de diferentes processadores virtuais, a fim de manter uma utilização suficiente do processador físico subjacente e evitar um estrangulamento do desempenho, aumentando assim o desempenho de uma máquina virtual [38, 39, 40 e 41].

Uma vez que o hardware virtual é criado através de software, a manipulação das caraterísticas do hardware virtual é muito mais fácil do que a do hardware real. Alguns hardwares virtuais vêm com recursos que não existem nas contrapartes reais. Por exemplo, o disco rígido virtual é simplesmente um ficheiro armazenado no disco rígido do anfitrião e, através da camada de virtualização, este ficheiro é representado como um disco rígido real que pode ser dividido em vários volumes e formatado com diferentes tipos de sistemas de ficheiros, conforme necessário. Quando o sistema operativo virtual lê ou escreve no disco virtual, a camada converte-os de forma transparente para uma operação de leitura e escrita de ficheiros e modifica o ficheiro conforme necessário [42].

Representar o disco rígido virtual como um ficheiro tem muitas vantagens em relação ao disco rígido normal [43, 44 e 45]. Em primeiro lugar, o disco rígido virtual é apenas um ficheiro, o que o torna mais portátil. O disco rígido virtual pode ser movido entre hosts e implantado ou anexado a qualquer máquina virtual onde for necessário. Em segundo lugar, o disco rígido pode ser criado com caraterísticas e funcionalidades adicionais que não são normalmente possíveis com os discos rígidos

---

físicos; por exemplo, um disco rígido virtual pode ser fornecido à máquina virtual em vários tipos diferentes, como o dinâmico, em que o tamanho do disco rígido virtual é, em qualquer altura, tão grande como os dados efetivamente nele escritos.

Em terceiro lugar, uma vez que a máquina virtual está encapsulada num único ficheiro, o processo de cópia de segurança de toda a máquina torna-se muito mais fácil do que anteriormente (ou seja, é feito copiando o ficheiro).

2.1.6 Implementação da virtualização de servidores

A virtualização de sistemas ou servidores é o campo mais diversificado da virtualização. Pode ser implementada de várias formas, como ao nível do SO, emulação, virtualização completa, paravirtualização, nativa, bem como particionamento [46, 47, 6 e 8]. Estes métodos de implementação serão explicados brevemente, organizados de acordo com o modelo hierárquico de software/hardware explicado na Secção 2.1.3.

A pesquisa bibliográfica revela que estas técnicas são classificadas com base em duas abordagens principais, baseadas no anfitrião e no hipervisor (baseadas em bare metal) [46, 48], ver Figura 2.4. Estas duas abordagens classificam as técnicas de implementação da virtualização de servidores com base no local onde a posição da camada de virtualização poderia ser colocada, mas não na forma como a virtualização seria implementada.

Na abordagem baseada no anfitrião, o software de virtualização é instalado sobre um sistema operativo anfitrião pré-existente. Tal como outras aplicações, a camada dependerá do sistema operativo do anfitrião para suporte de dispositivos e gestão de recursos, ver Figura 2.4 - A. Na segunda abordagem, a camada de virtualização encontra-se diretamente sobre o hardware físico e fornece o kernel, controladores de dispositivos que suportam o hardware bruto e gestão do acesso a recursos [48], ver Figura 2.4 - B.

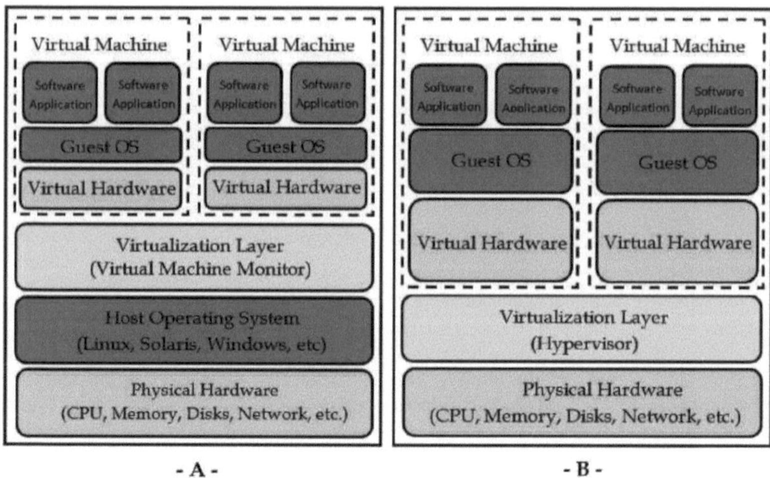

Figura 2.4 Arquitetura do sistema virtualizado, A - abordagem baseada no anfitrião. B - abordagem bare metal

1.1.6 (a) Virtualização ao nível do SO

A virtualização ao nível do SO fornece um ambiente de execução virtual ao nível do processo ou do kernel, podendo ser criados vários ambientes de execução eficientes para cargas de trabalho, trabalhando no mesmo kernel do sistema operativo subjacente, partilhando as **bibliotecas** do sistema e os recursos. Este tipo de **virtualização** é muito *mais "leve"* do que a virtualização completa, uma vez que estes ambientes não requerem qualquer plataforma de virtualização, utilizam o mesmo kernel de base, o que permite que um único anfitrião execute muitos mais ambientes virtualizados do que o número de máquinas virtuais completas que o anfitrião poderia suportar [46, 6, 8 e 49]. As zonas Solaris, por exemplo, são ambientes isolados para alojar aplicações e serviços, criados dentro de uma única instância do sistema operativo Solaris [50].

Além disso, o processo VM encapsula o processo (ou seja, o convidado) e dá-lhe a mesma aparência externa que um processo nativo do sistema, ver Figura 2.5. O processo convidado pode interagir com outros processos convidados, ou outros processos nativos, e partilhar os recursos do sistema, mas tudo é feito sob o controlo e a restrição do processo VM em primeiro lugar, e pelo kernel do sistema em segundo lugar [49]. Referindo-nos à Secção 2.1.3, a virtualização ao nível do SO ocorre na interface número oito.

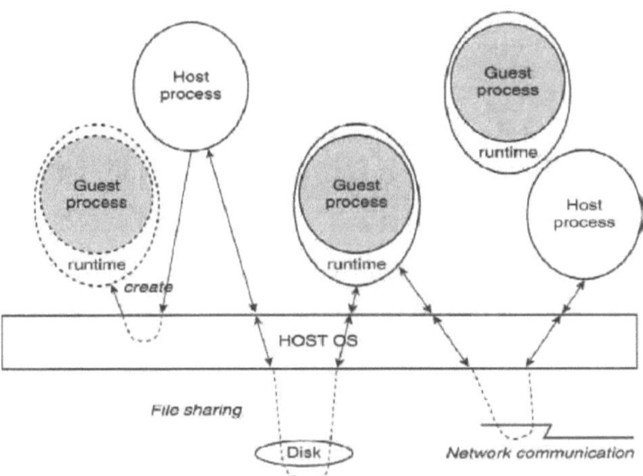

Figura 2.5 Processo VM, mostrando processos convidados a interagir com processos anfitriões [49]

2.1.6 b) Emulação

A emulação é a técnica menos eficiente entre as técnicas de virtualização [46]. O conceito por trás da emulação é permitir que um ambiente virtual aja ou se comporte como se fosse outro ambiente [51]. O computador típico é composto por processadores, memória, temporizadores, controladores de disco e dispositivos de E/S, etc. Os emuladores recriam um ambiente inteiro e permitem que convidados não modificados sejam executados numa plataforma completamente diferente, como executar o Windows numa plataforma não-x86 (como a plataforma PowerPC) [46, 8].

Os emuladores pegam em todas as instruções emitidas pelo convidado e emulam de forma transparente a execução do código, traduzindo essas instruções em conjuntos de instruções nativas e devolvendo os resultados ao convidado [8]. A emulação tem uma sobrecarga significativa, uma vez que todas as instruções têm de ser interrompidas, traduzidas e depois executadas. Os emuladores, como o PearPC [52], o Bochs [53] e a forma não acelerada do QEMU [54], permitem que os utilizadores de UNIX ou Linux executem o Windows e a maior parte das aplicações associadas em cima dos seus ambientes de trabalho. Referindo-nos à Secção 2.1.3, a emulação ocorre nas interfaces: dois, três e sete.

2.1.6(c) Virtualização total

A virtualização completa fornece uma simulação completa do hardware subjacente e permite que um convidado não modificado e as aplicações associadas vivam e sejam executadas dentro do ambiente virtual [6, 47]. A virtualização completa é muito semelhante ao cenário de emulação, mas não emula a arquitetura, mas sim simula e recria a ilusão de um ambiente virtual através da replicação de recursos, dando a um único hardware a aparência de várias entidades [6, 47]. Assim, apenas os sistemas concebidos para funcionar na mesma arquitetura subjacente podem ser virtualizados.

O benefício da virtualização completa é que ela é executada mais rapidamente do que a emulação (ela pode fornecer desempenho quase nativo da CPU e da memória). Uma vez que muitas das instruções do sistema convidado podem ser executadas diretamente no hardware bruto, só ocorrerá uma armadilha com instruções sensíveis ou privilegiadas [47, 55]. Referindo-se à Secção 2.1.3, a virtualização completa (abordagem baseada no anfitrião) ocorre nas interfaces: dois, três e sete, e com a abordagem bare-metal, ocorre nas interfaces sete e oito.

2.1.6(d) Paravirtualização

Um dos desafios enfrentados pela virtualização do sistema foi a virtualização da CPU. O problema surgiu com a arquitetura da CPU, nomeadamente a popular arquitetura x86, que não foi concebida para a virtualização. Como explicado na Secção 2.1.5, o VMM desprivilegia o acesso ao hardware de todos os sistemas convidados, capturando todas as instruções emitidas pela máquina virtual em execução, passando estas instruções para o processador físico, executando-as de forma transparente e devolvendo os resultados ao processador virtual. No entanto, existem algumas instruções sensíveis ou privilegiadas que não podem ser capturadas quando executadas no modo não privilegiado, mas sim, falham silenciosamente.

Por conseguinte, a camada de virtualização vem com interfaces modificadas; registos virtuais, por exemplo, para facilitar a transferência de dados entre o VMM e as máquinas virtuais. Por outro lado, o sistema convidado tem de utilizar uma interface binária de aplicação modificada ou especial (cf. secção 2.1.3), em que as instruções não virtualizadas são alteradas ou substituídas para que o SO convidado possa compreender que está a funcionar num ambiente virtual. O SO convidado modificado chega aos recursos físicos subjacentes diretamente através da API modificada, sem emulação e sem utilizar as caraterísticas arquitectónicas que normalmente seriam implementadas no VMM para serem utilizadas para comunicar com o hardware físico [8, 56 e 57]. Como resultado, a paravirtualização fornece um ambiente virtual mais eficiente com uma implementação mais simples em comparação com a técnica de virtualização completa.

2.1.6(e) Virtualização assistida por hardware (nativa)

O problema resolvido pela paravirtualização dá origem a outro problema. Na paravirtualização, o sistema operativo convidado deve ser modificado de uma forma (ou seja, deve utilizar uma ABI modificada) que lhe permita funcionar nesse ambiente. É difícil encontrar a versão modificada de alguns sistemas operativos, como a plataforma Windows, o que torna a paravirtualização limitada a uma pequena gama de sistemas operativos. A virtualização nativa é uma das técnicas mais recentes associadas ao advento de hardware (processadores) que suportam virtualização, como o Intel-VT e o AMD-Pacifica [46, 47]. Não requer uma plataforma de virtualização específica, nem modificações no sistema operativo [58]. A virtualização nativa permite uma virtualização completa eficiente, tirando partido do hardware subjacente, pelo que as instruções não virtualizáveis são agora efectuadas através de hardware e não de software.

2.1.6 f) Separação

Na sua forma mais simples, existem máquinas com uma arquitetura ou conceção de hardware únicos que permitem a execução simultânea de vários sistemas operativos no mesmo hardware físico. Suportam fisicamente a partição dos recursos do sistema; o hardware (vários processadores, grande quantidade de memória, controladores e periféricos) pode ser atribuído e dividido em secções separadas, em que cada secção funciona como um sistema separado [51]. Esta técnica de particionamento de recursos é normalmente designada *por particionamento físico*. Como mostra a Figura 2.6, este sistema tem 24 processadores, 12 discos rígidos e memória, juntamente com unidades de E/S que foram divididas em três partições principais isoladas. Esta
A técnica de particionamento teve origem nos mainframes topo de gama fabricados pela IBM. Atualmente, existem vários fornecedores que fornecem a tecnologia de particionamento nos seus

sistemas de servidores empresariais, como a HP e a Sun Microsystems [51, 52].

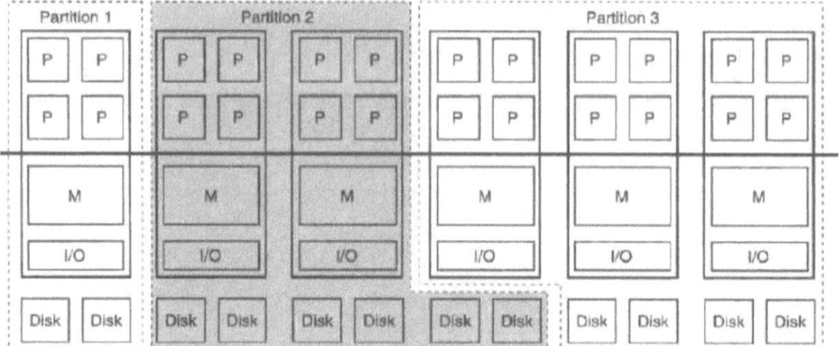

Figura 2.6 Particionamento físico do sistema [51]

2.1.7 Benefícios e advertências da virtualização de servidores

As novas tecnologias têm normalmente muitos benefícios, mas também podem ter inconvenientes que devem ser evitados. A pesquisa bibliográfica revela que existe um grande número de benefícios que podem ser obtidos com a implementação da tecnologia de virtualização, bem como de advertências que devem ser conhecidas. São elas:

2.1.7(a) Benefícios da virtualização de servidores

A implementação da virtualização de servidores está sempre associada ao síndroma de *consolidação de servidores*; ao fazer uma utilização eficiente dos recursos de hardware subjacentes, através da consolidação de várias máquinas em execução numa única máquina. A camada de virtualização abstrai os recursos físicos do computador anfitrião e divide-os em ambientes virtuais discretos que podem ser atribuídos para utilização por convidados individuais (cf. Secção 2.1.4). A consolidação de servidores reduz o custo total de propriedade e diminui o consumo de energia e o arrefecimento [59, 60 e 63].

A abstração dos recursos físicos também simplifica a expansão do hardware. Assim, a adição ou substituição de peças de hardware pode ser efectuada de forma transparente. Também resolveu o problema do software e dos sistemas operativos antigos. Algumas empresas ou organizações de TI utilizam software que já não está disponível num fornecedor específico ou que não foi atualizado para suportar sistemas operativos ou hardware mais recentes. Ao contornar o ambiente de execução apropriado para alojar software e sistemas operativos antigos, a organização pode atualizar a sua infraestrutura, migrando de plataformas mais antigas, sem suporte e mais arriscadas para hardware mais recente, mantendo a utilização do software atual [61, 62 e 64].

Além disso, os ambientes contornados também podem ser utilizados por testadores, programadores de software e de sistemas. Isto consegue-se principalmente através do fornecimento de um ambiente informático temporário ou a pedido que pode servir de laboratório de testes. Podem ser criados e partilhados vários ambientes virtuais entre programadores e testadores. Do mesmo modo, os investigadores de segurança podem também utilizar estes ambientes isolados para estudar os efeitos de worms, cavalos de Troia e vírus, sem afetar todo o sistema. Isto é frequentemente referido como uma "*caixa de areia*" [61, 63 e 64].

2.1.7 (b) Advertências da virtualização de servidores

Um único ponto de falha, conhecido como "*todos os ovos numa cesta*", é uma das maiores preocupações associadas à implantação da virtualização severa. A falha do hardware físico do anfitrião ou o mau funcionamento da camada de virtualização afectará todas as máquinas virtuais em execução. Além disso, a virtualização de servidores pode não ser uma boa escolha para determinadas aplicações, como grandes bases de dados, software de simulação ou aplicações que requerem hardware especial [61, 63].

2.1.8 Plataformas de virtualização

Referindo-nos à Figura 2.1, o Xen é uma plataforma de virtualização de servidores. Entre as plataformas de virtualização disponíveis, o Xen é um Hipervisor (cf. Secção 2.1.6), originado como um projeto de investigação no Laboratório de Computadores da Universidade de Cambridge pelo Grupo de Investigação de Sistemas [3]. O Xen fornece um conjunto de caraterísticas e funcionalidades como desempenho quase nativo, suporte de quase todo o hardware disponível com drivers Linux, e suporte de múltiplas VCPUs por máquina convidada [58]. Xen roda em máquinas bare-metal, e suporta dois tipos de virtualização: Virtualização completa e Paravirtualização (cf. Secção 2.1.6(c), Secção 2.1.6(d)).

Ele tem uma estrutura de sistema única que é dividida em um domínio privilegiado especial chamado *Domain0* ou *Dom0*, e domínios não privilegiados chamados *DomainU* ou *DomU*. O Dom0 serve como uma interface administrativa para o Xen, criando, configurando, iniciando, parando e removendo *DomUs* são todos feitos através do Dom0 [3, 47 e 56].

2.1.9 Sistema operativo

OpenSolaris é a versão de código aberto do Solaris 10, da Sun Microsystems. Foi um projeto iniciado pela Sun com o nome de código "Nevada" [65]. A virtualização foi disponibilizada através da integração do hipervisor xVM no OpenSolaris. O hipervisor xVM é outro projeto que foi iniciado pela Sun e foi completamente baseado no trabalho do Xen Hypervisor [66]. O OpenSolaris fornece uma ferramenta de espaço do utilizador chamada *xm*; o comando para interação com o hipervisor, ajuda a gerir, controlar e monitorizar todos os domínios convidados em execução [67].

Um dos recursos adicionados recentemente ao OpenSolaris é o *ZFS* ou *Zettabyte File System*. O ZFS Snapshot é um dos recursos incluídos no sistema de arquivos ZFS. Ele é baseado no conceito de Copy-On-Write, toda vez que o ZFS escreve novos blocos de dados, novos blocos alternativos dos dados são criados e escritos com a nova versão dos dados ao invés de sobrescrever os blocos de dados antigos. Os blocos que contêm a versão antiga dos dados são marcados como excluídos, para que o espaço possa ser recuperado [68]. Quando um snapshot é tirado em uma partição/volume ZFS, ele instrui o ZFS a não marcar a versão antiga dos blocos de dados como apagada, ele irá preservá-la, veja a Figura 2.7. O tamanho ocupado pelo snapshot será igual à diferença entre as duas versões de dados. Todas as alterações ocorridas desde um instantâneo específico podem ser descartadas revertendo esse instantâneo específico, o sistema de arquivos reverte para seu estado no momento em que o instantâneo foi tirado.

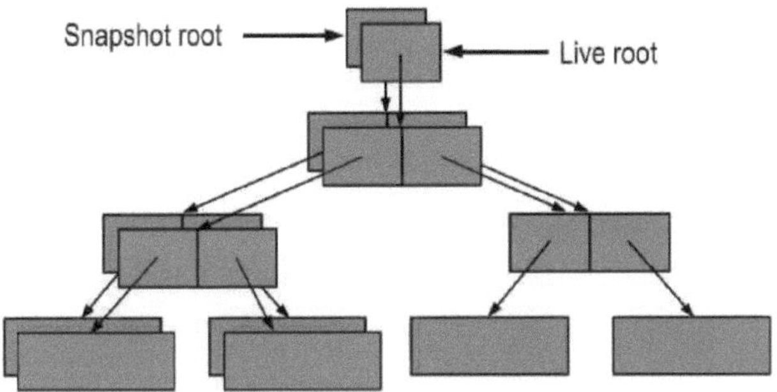

Figura 2.7 Instantâneo do ZFS

Existem três tipos de snapshot ZFS: cold, warm e hot snapshot. Eles são snapshots do ZFS, mas são diferentes na forma como serão mantidos e nos casos em que serão usados. Por exemplo, para tirar um cold snapshot, temos que ter certeza de que não há nenhuma operação de leitura/escrita ativa naquela partição/volume ZFS em particular. A partição tem que ser desmontada primeiro, seguida de tirar o snapshot depois. O snapshot frio é importante quando é necessária uma integridade absoluta dos dados no backup. No instantâneo quente, a partição deve ser colocada em estado quiescente e, em seguida, o instantâneo será tirado. E para o hot snapshot, o snapshot será tirado a qualquer momento, desconsiderando qualquer operação de leitura/escrita ativa naquela partição/volume ZFS em particular [69].

2.2 Virtualização e introspeção de máquinas virtuais

2.2.1 Isolamento no ambiente virtual

A implantação da virtualização do sistema permite dois recursos principais, *capsulação* e *isolamento*. A camada de virtualização isola e controla a forma como os convidados virtuais utilizam os recursos subjacentes, bem como capsula todos os estados internos dos sistemas convidados em execução; estes não têm conhecimento da existência de outros ambientes virtuais em execução simultânea no mesmo hardware físico [70] (cf. Secção 2.1.4). A Figura 2.9 mostra duas máquinas virtuais configuradas, funcionando como um ambiente autónomo completo, alojando o sistema operativo juntamente com as suas aplicações.

No entanto, uma inspeção mais atenta da Figura 2.10 mostra que a Sandbox2 sofre de corrupção do sistema de ficheiros. Uma aplicação está a ser executada para verificar e, se possível, corrigir a situação. Através do isolamento, a camada de virtualização garante que todas as instruções emitidas por essa aplicação serão direcionadas para os ficheiros exactos ou para a área exacta de armazenamento atribuída a essa máquina e impede-a de aceder ao espaço de armazenamento de outras máquinas (ou seja, o disco virtual).

O mesmo cenário está implícito para a primeira máquina, SandBox1, que mostra que existe um ataque em direto do exterior ao serviço FTP alojado pela primeira sandbox. A máquina pode ser comprometida e o atacante pode obter acesso a ficheiros não autorizados, mas através do capsulamento, a máquina comprometida não tem qualquer efeito nas outras máquinas virtuais em execução.

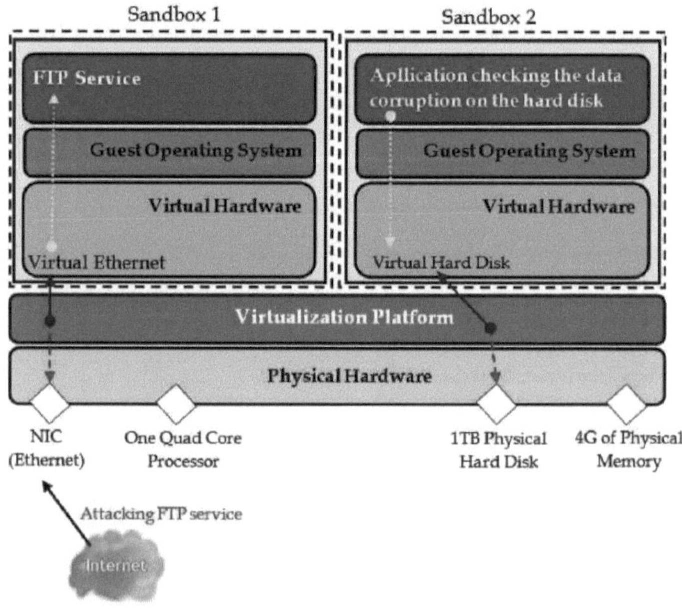

Figura 2.8 Isolamento e capsulação na máquina virtual

2.2.2 VMM e serviços de sistema

Com o isolamento e o capsulamento proporcionados pelo VMM entre os ambientes virtuais em execução, coloca-se a questão de saber se é **possível** implementar caraterísticas, funções ou mesmo serviços de sistema comuns num VMM e disponibilizá-los a todas as máquinas virtuais em execução. Esta questão coloca-se porque o modelo VMM permite que determinados serviços sejam portáteis e estejam disponíveis para funcionar em vários sistemas operativos convidados sem necessidade de quaisquer modificações. Assim, os serviços desejados serão activados (ou seja, tornar-se-ão visíveis) para um determinado convidado sempre que necessário [71, 72].

Para além da portabilidade dos serviços, os sistemas operativos são maiores e mais propensos a falhas de segurança e fiabilidade. A execução de um serviço num sistema operativo torna-o mais vulnerável a ataques maliciosos e falhas aleatórias. Por conseguinte, a implementação destes serviços e a sua disponibilização a partir de um local seguro aumentará a segurança do serviço. Torna difícil, mesmo para um convidado comprometido, modificar ou afetar o serviço fornecido pelo VMM [71, 72]. Além disso, a transação das caraterísticas do sistema operativo é feita apenas uma vez na camada VMM e estará disponível para todos os sistemas operativos convidados que correm acima dessa camada.

Poder-se-ia pensar que a realização da transação de serviços seria fácil, uma vez que a modificação ou manipulação do estado do ambiente virtual é muito mais fácil do que a do ambiente físico. No entanto, Jones afirmou que a transação de serviços enfrenta alguns desafios [71]:

1. *Desempenho*. Empurrar as aplicações ou serviços para o VMM pode prejudicar o desempenho devido à sobrecarga de virtualização. A ativação do serviço estaria associada a um grande número de armadilhas e redireccionamentos de chamadas de sistema. Como resultado, o serviço habilitado no VMM, em comparação com o executado pelo convidado, deve ter vantagens distintas.

2. *Lacuna semântica*. Os serviços que funcionam abaixo da camada de abstração exigem, por vezes, um nível mais elevado de informação ou de conhecimentos sobre o sistema para poderem funcionar. Para dar um exemplo, é difícil fornecer um serviço que verifique a integridade do sistema de ficheiros sem manter conhecimentos sobre as estruturas do sistema de ficheiros no disco e sobre a forma como as partições do sistema estão dispostas. A lacuna semântica é o resultado do isolamento criado pelo VMM. Este esconde e encapsula o estado interno do convidado do VMM e expõe uma interface estreita para interação [72]. Por outras palavras, não existe uma interface padrão que permita ao VMM consultar ou sondar o estado dos detalhes do sistema operativo do convidado (por exemplo, processos, threads e utilizadores) [72]. A principal preocupação da tese subjacente é colmatar ou, pelo menos,

tentar reduzir a lacuna semântica no ambiente virtual.

3. *Segurança*. A execução dos serviços pode ter um grande impacto na segurança do sistema. Para dar um exemplo, imagine que o serviço FTP (veja a Figura 2.10) foi implementado na camada VMM e habilitado para servir os dois sistemas convidados em ambas as sandboxes. Se o atacante tiver comprometido o serviço em execução na primeira sandbox, não só a primeira sandbox será afetada, como também comprometerá a outra máquina em execução na segunda sandbox. Através da primeira máquina, o atacante pode agora obter acesso à segunda máquina através de um serviço corrompido. Imaginem que o serviço FTP estava ativado para mais de duas máquinas, os danos seriam piores.

2.2.3 Ultrapassar a lacuna semântica

Em trabalhos anteriores, os investigadores reconheceram este dilema no ambiente virtual e tentaram colmatar a lacuna semântica desenvolvendo técnicas que podem inferir informações sobre um aspeto específico do sistema convidado, nomeadamente, a forma como o sistema operativo convidado utiliza os recursos de hardware que lhe são atribuídos [72]. Por exemplo, a manutenção de informações sobre o uso da memória do convidado ajuda o VMM a realocar as páginas de memória ociosas para outro convidado, a fim de aumentar a eficiência da memória.

Com todos os avanços registados no domínio da virtualização nos últimos anos, colmatar a lacuna semântica torna-se cada vez mais importante e tem suscitado um enorme interesse por parte dos investigadores. Quando os investigadores começaram a trabalhar na colmatação da lacuna, o objetivo era obter um melhor desempenho. Recentemente, surgiu uma questão mais importante, a segurança das VM. Foi reconhecida como um novo domínio distinto, designado por VMI (*Virtual Machine Introspection*). A VMI descreve os métodos e/ou técnicas de monitorização e análise do estado da máquina virtual, quer a partir de um nível de hipervisor, quer a partir de um segundo SO convidado privilegiado [73].

2.2.4 Introspeção de máquinas virtuais

Com a virtualização a tornar-se cada vez mais uma solução comum, as técnicas e ferramentas de introspeção da máquina virtual estão a evoluir para monitorizar o comportamento da VM [74].

São propostos vários métodos e técnicas para conceber e aplicar a VMI; a conceção de uma VMI pode ser simples ou complexa. Depende do grau de envolvimento da VMI na máquina virtual ou do nível de conhecimento ou de consciencialização que deve ser mantido para que a VMI funcione corretamente. Payne e de Carbone delinearam numerosos requisitos que podem ser considerados como boas diretrizes para ajudar na conceção de software de monitorização de máquinas virtuais [74]:

1. O VMM não deve ser modificado, se tiver as primitivas necessárias para suportar a arquitetura do software de monitorização.
2. A arquitetura do software de monitorização não deve impedir que o sistema operativo ou a aplicação de destino desempenhe as funções e deveres previstos.
3. O software de monitorização deve ter uma visão completa do SO de destino e não deve limitar-se a fornecer informações sobre uma pequena parte do SO de destino.
4. O software de monitorização e o SO de destino devem manter uma relação unidirecional, em que o software tem acesso aos recursos do SO, mas não vice-versa.

2.2.5 Implementação da VMI

Na literatura, são descritas duas formas principais de implementação da VMI [74, 75]. A primeira é embutir a VMI no próprio VMM; a VMI usará os controles e recursos do próprio VMM para monitorar e observar o comportamento da máquina do convidado alvo (como XenAccess [72], SubVirt[76]). A segunda implementação possível é ter a VMI como um aplicativo independente, que pode ser implementado dentro do sistema operacional convidado, como outros aplicativos baseados no host, ou fora do sistema operacional alvo (como HyperSpector [89], Lares [90]). A incorporação da VMI num VMM exige a modificação ou a remasterização dos códigos do próprio VMM. Além disso, a aplicação VMI dependerá muito da versão do VMM.

Mais recentemente, foi proposta a proteção, a reparação ou a introspeção do estado da máquina virtual através de uma implementação de sistemas multiagentes. Neste caso, foram propostos dois métodos:

1. Na literatura pesquisada, o HIMA (Hypervisor-Based Integrity Measurement Agent) foi a única

abordagem em que o agente foi incorporado no hipervisor [79].

2. Aplicações autónomas, como Psyco-Virt [81], VICI Agent [80]. O VICI Agent examina periodicamente o estado do sistema convidado monitorizado (ou seja, o estado do kernel) utilizando uma coleção de rootkits e ferramentas. Após a deteção de alterações no comportamento do kernel, o VICI Agent usa um conjunto de rootkits de medicamentos e aplica automaticamente acções de reparação para restaurar o comportamento correto do kernel [80].

2.3 Sistemas Agentes e Multi-Agentes

2.3.1 Introdução

Após o primeiro lançamento das especificações FIPA[5] em 1976, os investigadores compreenderam claramente a importância potencial e a possibilidade de utilizar agentes como componentes de software. *O software de agente inteligente* ou *tecnologia de agente* não é mais do que um programa de computador, mas pode atuar de forma inteligente, fazendo suposições com base em preferências predefinidas ou em informações que tenha aprendido.

2.3.2 O que é um agente?

Na sua forma mais simples, um agente pode ser definido como "*uma aplicação informática concebida para automatizar determinadas tarefas (como a recolha de informações em linha)*", Merriam - Webster [82]. Hermans concorda com a definição anterior, mas acrescenta que o agente de software "*deve ser capaz de se adaptar com base nas mudanças que ocorrem no seu ambiente, de modo a que uma alteração das circunstâncias continue a produzir o resultado pretendido*" [83]. Em geral, um agente é um software que tem a capacidade de perceber, raciocinar e atuar para realizar tarefas em nome de outras entidades, como os seres humanos. Por exemplo, se for atribuída a um agente a tarefa de procurar imagens de golfinhos, o agente designado deve ter a capacidade de procurar entre diferentes imagens e reconhecer as imagens de golfinhos para obter o resultado pretendido. De acordo com Hermans, o agente deve também ser capaz de se adaptar às mudanças que ocorrem no ambiente de trabalho, uma vez que o utilizador pode dar instruções ao agente para

---

[5] A FIPA é uma organização de normas da IEEE Computer Society que promove a tecnologia baseada em agentes e a interoperabilidade das suas normas com outras tecnologias, ver http://www.fipa.org.

procurar fotografias de golfinhos nos álbuns pessoais no disco rígido ou na Internet (ou seja, no sítio dos álbuns em linha).

Pode existir uma forma complexa de agentes, quando vários agentes inteligentes em interação estão situados para trabalhar no mesmo ambiente, criando o que se designa por *sistema multiagente*. Os agentes que coexistem numa sociedade deste tipo são capazes de trabalhar e interagir coletivamente com outros agentes para resolver problemas complexos ou imprevisíveis. Um ambiente Multi-Agente é normalmente aberto (ou seja, não tem um designer centralizado) e contém agentes que são autónomos, distribuídos e cooperativos. Também fornece a infraestrutura que define os protocolos para os agentes comunicarem e interagirem [84].

2.3.3 Caraterísticas do agente

De todas as definições escritas para definir o agente de software, torna-se extremamente difícil decidir qual a melhor definição universal para o mesmo. A tecnologia de agentes está atualmente a ser implementada de várias formas e em diferentes disciplinas, tais como ambientes de telecomunicações, inteligência artificial, sistemas distribuídos, engenharia do conhecimento e inteligência artificial distribuída [85, 86].

Por conseguinte, os investigadores elaboraram uma lista de caraterísticas gerais que podem ajudar a dar uma noção global do que é um agente. Pode também ser considerada como uma forma de distinguir um agente de um programa ou software vulgar [86].

Hermans e Ali resumiram algumas destas caraterísticas [87, 88], entre elas: *Autonomia* (os agentes têm controlo sobre as suas acções, e podem operar sem a intervenção direta de humanos), *Capacidade social* (os agentes são capazes de interagir com outros agentes no ambiente de trabalho), *Reatividade* (os agentes observam o seu ambiente e respondem atempadamente às mudanças que nele ocorrem), *Continuidade temporal* (os agentes são processos em execução contínua, quer executando ativamente em primeiro plano, quer dormindo passivamente em segundo plano), *Mobilidade*

(os agentes podem deslocar-se no seu ambiente de trabalho juntamente com dados e instruções inteligentes), *Racionalidade* (os agentes são capazes de escolher as suas acções de uma forma específica para atingir os seus objectivos), *Adaptabilidade* (a capacidade de um agente se ajustar aos hábitos, métodos de trabalho e preferências do seu utilizador).

Há uma variedade de outras caraterísticas, mas nenhum agente pode possuir todas elas [87].

2.3.4 Agência e serviços de informação

A agência pode ser definida como *"a capacidade, condição ou estado de agir ou de exercer poder"* [89]. Na disciplina do agente, uma agência é *"o grau de autonomia e autoridade conferido ao agente"* [87]. A agência pode ser medida, pelo menos qualitativamente, pela natureza da interação entre o agente e outras entidades que compõem o sistema (ou seja, o ambiente em funcionamento) onde opera, ou entre o agente e outros agentes no sistema. O que é que faz exatamente com que um agente seja *"inteligente"*? é uma questão difícil de definir e tem sido objeto de muitas discussões no domínio da inteligência artificial, e ainda não foi encontrada uma resposta clara [87].

Chen, ao descrever o que torna um agente de software inteligente, deu uma definição prática. Referindo-se à história do agente golfinho, o agente aprendeu que o utilizador está interessado em golfinhos. A inteligência desse agente é o seu grau de procura e raciocínio de coisas relacionadas com golfinhos, não apenas imagens, mas provavelmente notícias, histórias, locais, etc., e explora essas fontes para satisfazer as necessidades dos utilizadores.

2.3.5 Agentes e segurança de sistemas multiagentes

Apesar das vantagens dos sistemas de agentes e multiagentes, a tecnologia de agentes móveis apresenta ameaças significativas à segurança. As ameaças reconhecidas como críticas têm de ser resolvidas antes de um sistema multiagentes poder ser uma solução viável. Nwana afirmou que os agentes móveis que atravessam várias máquinas confiam em diferentes graus, o estado dos agentes pode ser alterado de uma forma que pode afetar a sua funcionalidade. Por conseguinte, a comunicação e a interação de um agente móvel com o seu ambiente e outros agentes têm de ser protegidas contra agentes e máquinas maliciosos que o agente atravessa [91].

Ameaças à parte, Borselius resumiu as questões de implicação de um agente e de sistemas multiagentes com base nas caraterísticas do agente (cf. Secção 2.2.1), tais como: Autorização e delegação, comunicação, mobilidade, situacionalidade, racionalidade, veracidade e benevolência. Relativamente à comunicação, Borselius definiu as propriedades de segurança que devem ser asseguradas na comunicação entre agentes num ambiente multiagente, tais como: confidencialidade, integridade dos dados, autenticação da origem, disponibilidade e não repúdio. *A autenticação de origem* significa a garantia de que a comunicação tem origem no seu autor [92].

CAPÍTULO 3
ANÁLISE E CONCEPÇÃO

3.1 Introdução

Neste capítulo, será efectuada uma análise exaustiva da literatura. Como resultado, será apresentada uma estrutura para superar a limitação conhecida da introspeção de máquinas virtuais. No final deste capítulo, será ilustrado um projeto concluído do sistema proposto.

3.2 Análise

3.2.1 Monitor

De acordo com o ponto 2.1.4 e o ponto 2.2.1, o isolamento dos ambientes virtuais produzidos pelo gestor de máquinas virtuais (ou seja, a camada de virtualização) tem a vantagem de impedir que o ambiente avariado introduza quaisquer efeitos secundários imprevistos noutros ambientes em execução. Por outro lado, este isolamento influencia o conhecimento do gestor da máquina virtual ou do sistema operativo anfitrião sobre o estado exterior (disponibilidade externa), bem como o estado interior (processo, actividades dos utilizadores, estado dos serviços, etc.) da máquina virtual em execução. Foram propostas várias soluções para monitorizar os convidados virtuais. No entanto, nenhuma, até agora, conseguiu realizar as inspecções internas e externas numa única solução completa.

Para realizar a função de introspeção interna, pode ser colocado um agente de software em cada máquina virtual. Isto também permitirá uma capacidade de controlo a pedido de algumas das funções ou aspectos internos dessa máquina virtual específica. No entanto, a introspeção ou o controlo do estado interno é naturalmente interrompido quando a máquina virtual perde a sua conetividade com o monitor remoto. Este facto impossibilita o acesso do monitor ao agente para prosseguir a ligação de controlo e, consequentemente, a perda total do controlo pelo agente colocado nessa máquina virtual.

É evidente que a necessidade de controlar o estado exterior da máquina virtual é essencial para a integridade da monitorização global da máquina virtual. A colocação do agente no interior da máquina virtual não será suficiente por si só. Por conseguinte, o quadro proposto acrescenta um controlo externo ao controlo interno baseado em agentes. Este controlo externo é conseguido através do conhecido Echo-Request do ICMP (Internet Control Message Protocol), geralmente conhecido por "ping".

A resposta dada pela máquina virtual aos Echo-Requests verifica se a máquina que está a executar o agente de software pode ser contactada através da rede. Caso contrário, não há hipótese de solicitar respostas do agente; e a máquina está "morta" para a vista do monitor. É ainda possível que a máquina virtual esteja a funcionar corretamente a nível interno e apenas tenha perdido a sua conetividade de rede. Mas uma vez que o estado externo de uma máquina é assumido como inacessível, ela precisa ser reiniciada antes que possa ser considerada 'de volta ao serviço'. Todos os gestores de máquinas virtuais conhecidos oferecem a opção de encerrar ou de "matar" uma máquina à força e de a reiniciar posteriormente. O quadro proposto destruirá e reiniciará essa máquina específica como um ensaio para a repor em funcionamento.

Tal como referido, o quadro proposto fornece uma solução para o estado exterior da máquina virtual. No entanto, existe a possibilidade de a máquina ser visível para o observador externo, mas não estar a funcionar corretamente, na perspetiva interna. Quando o agente de software comunica um comportamento não adequado relativamente ao estado interno do sistema convidado, o reinício da máquina virtual pelo quadro proposto como reação será irrelevante. As causas para este comportamento incorreto podem ser geralmente a corrupção do sistema ou o mau funcionamento do sistema devido a um vírus, e o reinício da máquina não reparará essa falha. Nesse caso, os ficheiros danificados, por exemplo, são armazenados na memória persistente, ou seja, no disco rígido virtual, e são mantidos mesmo após o reinício. Normalmente, a resolução deste problema implica a manutenção de uma cópia de segurança anterior saudável da máquina e, quando esses danos ocorrem, é possível recuperar a máquina para esse estado anterior saudável. Por conseguinte, o monitor precisa de ter à sua disposição uma cópia de segurança do estado saudável anterior de todas as máquinas virtuais monitorizadas, para que a máquina virtual regresse a um estado saudável anterior.

Uma vez que pode acontecer que a cópia de segurança mais recente também esteja corrompida, a estrutura proposta sugere o armazenamento de três cópias de segurança diferentes por máquina virtual: de hora a hora, diariamente e semanalmente. Se o backup de hora em hora, ou o mais recente, falhar, o monitor tentará o segundo mais recente, e assim por diante.

Esta foi a descrição do primeiro nível do sistema proposto. Garante que a comunicação com os agentes remotos será sempre possível. E uma vez restabelecida esta comunicação, qualquer que seja a corrupção ou o mau funcionamento encontrado, o sistema proposto reiniciará a máquina num estado anterior e saudável.

3.2.2 Agente

Através de pesquisa bibliográfica (cf. Capítulo 2.3.3), verificou-se que, para que um software possa ser chamado de agente, é necessário que ele atenda, pelo menos parcialmente, a um conjunto de caraterísticas. Como o framework proposto utiliza agentes de software para introspectar o estado interno das máquinas virtuais monitoradas, o software proposto deve satisfazer, pelo menos parcialmente, algumas dessas caraterísticas para poder ser chamado de agente.

A função do software proposto é observar o ambiente (ou seja, o estado interno do sistema convidado) e, consequentemente, responder atempadamente às alterações que nele ocorrem. As respostas estarão constantemente a comunicar o estado interno do sistema do hóspede ao monitor remoto para serem analisadas e, se necessário, o monitor tomará uma ação. O software tem controlo sobre as suas acções e pode funcionar sem intervenção direta; a única intervenção necessária é durante a configuração. Consequentemente, as caraterísticas do software proposto são *reactivas* e *autónomas*.

A introspeção de qualquer sistema convidado pode envolver a monitorização de muitos aspectos diferentes do sistema operativo do convidado, como utilizadores, serviços, objetivo de desempenho, funcionalidade adequada, etc. Quanto mais profundo for o conhecimento sobre o sistema convidado, mais a ferramenta de introspeção tem de se envolver no sistema convidado. A pesquisa bibliográfica revela que foram propostas várias soluções baseadas em agentes, embora os agentes de software utilizados não se destinassem apenas à introspeção, mas a uma pluralidade de objectivos, por exemplo, a utilização dos agentes de software como um conjunto de ferramentas de reparação do sistema (ou seja, do sistema convidado), ou como IDS para detetar e prevenir intrusões nas máquinas virtuais em funcionamento.

Algumas soluções sugeriam carregar o próprio agente de software com as técnicas adequadas, uma técnica de reparação, por exemplo, enquanto outras soluções sugeriam configurar o agente de software para utilizar um conjunto de ferramentas (ou seja, kits de ferramentas de reparação, IDS, etc.) alojadas num local seguro, como num segundo sistema convidado. No entanto, uma inspeção mais atenta destas soluções revela que a capacidade do agente para abordar e lidar com as situações está ligada à capacidade destas ferramentas para as resolver; se as ferramentas não conseguirem ou falharem, o agente falhará por inerência.

A diversidade de sistemas operativos alojados no ambiente virtual pode dar origem a diferentes problemas e condições que não podem ser resolvidos através da utilização de um conjunto de ferramentas listadas. Por exemplo, a capacidade de algumas ferramentas para reparar a corrupção do sistema de ficheiros está ligada a plataformas de sistemas operativos específicos e não é viável para ser implementada noutras plataformas, mesmo com ferramentas que suportam outras plataformas. No entanto, um conjunto diferente de ferramentas pode não atingir o mesmo nível de resultados; por exemplo, as ferramentas para reparar plataformas baseadas em Linux podem ter mais impacto no sistema do que as ferramentas para plataformas baseadas em Windows

Por conseguinte, a proposta de quadros de aplicação para ambientes virtuais em geral, e de quadros de introspeção em particular, deve ter uma implementação geral em vez de se limitar a plataformas específicas. Por conseguinte, o agente de software proposto incorpora a noção de **Arquiteto Aberto**[6] . O quadro proposto sugere que se mantenha o agente de

---

[6] Arquitetura aberta: é um tipo de arquitetura de computador ou de software que permite a manipulação de componentes, como a adição ou a troca de componentes. A vantagem da arquitetura aberta é que qualquer pessoa pode conceber produtos complementares

software não configurado e, ao dar ao administrador do sistema a possibilidade de reconfigurar o agente de software para ler ficheiros, como ficheiros de registo, ou ouvir programas/scripts, dá a possibilidade de abordar e tratar uma variedade de questões e condições. Como resultado, em vez de ter um número de agentes ligados ao mesmo conjunto de ferramentas, o quadro proposto sugere que o agente de software deve ser configurado por sistema convidado, diferentes condições podem ser abordadas e tratadas em diferentes sistemas convidados.

Ao explorar a tecnologia de virtualização de sistemas (cf. capítulo 2.1.6), verificou-se que a virtualização de sistemas permite alojar uma variedade de sistemas operativos compatíveis num ambiente virtual. Por conseguinte, o sistema sugerido deve suportar a introspeção de uma variedade de sistemas operativos. Por outras palavras, o sistema proposto necessita de um agente de software portátil e independente da plataforma que possa ser fornecido a qualquer sistema convidado específico. A independência de plataforma ou plataforma cruzada é *um atributo conferido ao software de computador que pode ser implementado e funcionar em várias plataformas de computador, independentemente do hardware/sistema operativo.*

O facto de o software ser independente da plataforma está relacionado com a utilização da linguagem de programação correta e não com a forma como o software será programado. Por exemplo, a linguagem de programação Java proporciona a caraterística de portabilidade da aplicação, compilando qualquer código Java como representação intermédia chamada bytecode Java; o utilizador final utiliza o Java Runtime Environment (JRE) instalado nas suas máquinas para executar qualquer aplicação Java independentemente da arquitetura do computador/plataforma do sistema operativo. Por conseguinte, Java foi escolhida como linguagem de programação para o agente de software proposto.

3.2.3 Sistema operativo e plataforma de virtualização

O processo de recuperação da máquina virtual monitorizada não saudável ou

---

para ela.

congelada sugerido pela estrutura proposta envolve a destruição e o arranque da máquina. O controlo das máquinas virtuais só é permitido pela própria plataforma de virtualização e, consequentemente, para que esse controlo esteja disponível para o monitor proposto, o monitor deve ser capaz de interagir com a plataforma de virtualização.

Através de pesquisa bibliográfica (cf. Capítulo 2.1.8), o hipervisor Xen fornece uma ferramenta de espaço do utilizador chamada *xm*. É útil para gerir e controlar todas as máquinas virtuais em execução (ou seja, os controlos incluem a execução de encerramento, arranque e destruição decentes). Além disso, mostra que o hipervisor Xen tem uma estrutura de sistema única, dividida em domínio privilegiado (DomO) e domínios não privilegiados (DomUs). A execução do monitor proposto no domínio privilegiado concede ao monitor a permissão para interagir com o hipervisor Xen através da ferramenta xm e, como resultado, o monitor pode supervisionar e controlar as máquinas virtuais em execução e monitorizadas.

Embora a execução do monitor no domínio privilegiado requeira um sistema operativo anfitrião, o OpenSolaris foi escolhido para ser o sistema operativo anfitrião por várias razões (cf. Capítulo 2.1.9). O OpenSolaris é uma plataforma baseada em UNIX. É uma versão de código aberto do Solaris 1O disponibilizada pela Sun Microsystems e, mais importante, contém os sistemas de ficheiros ZFS. Uma das caraterísticas do sistema de ficheiros ZFS é utilizada no desenvolvimento do spooler de backup, que será detalhado mais à frente neste capítulo.

3.3 Conceção

3.3.1 Conceção global do sistema

A Figura 3.1 ilustra a conceção geral do sistema proposto. O hipervisor Xen será utilizado como plataforma de virtualização; o domínio privilegiado (DomO) executará o OpenSolaris como SO anfitrião, que, por sua vez, aloja o monitor proposto. Os agentes de software portáteis são distribuídos entre os convidados em execução alojados em domínios não privilegiados (DomUs). A partir do DomO, o monitor proposto exercerá um controlo centralizado das máquinas virtuais em execução e uma supervisão global dos agentes remotos.

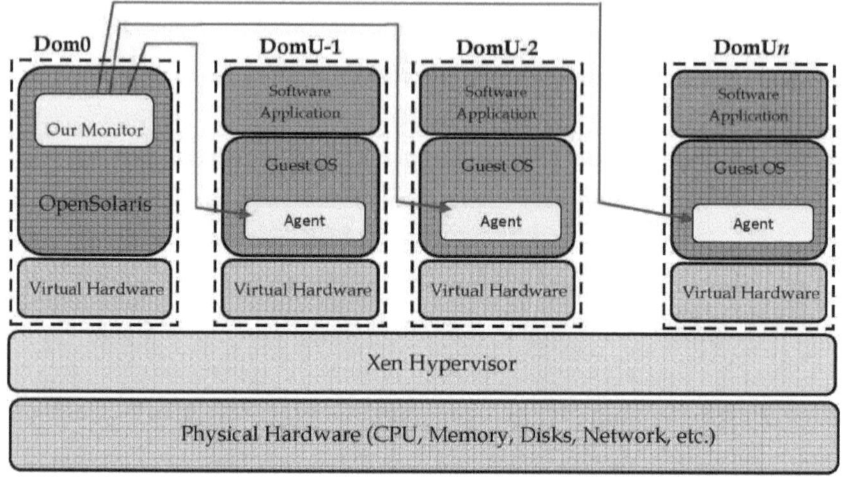

Figura 3.1 Vista geral da conceção do sistema proposto

3.3.1(a) Visão geral da conceção do monitor

Uma visão geral da análise do monitor proposta (cf. secção 3.2.1) revela que o monitor tem de tratar simultaneamente de várias funções. Por exemplo, a verificação dos agentes de software remotos antes de estabelecer a comunicação com o monitor, a supervisão de todas as ligações verificadas, a análise dos estados do sistema convidado interno comunicados por todos os agentes e, se for caso disso, a recuperação da máquina congelada ou da máquina em funcionamento não saudável.

Por conseguinte, a conceção do monitor proposto baseia-se num ambiente multithread, cada thread concebido para tratar uma determinada funcionalidade. A supervisão geral destas threads é efectuada através de uma thread principal, conhecida como *MainMonitorThread*. Por exemplo, o tratamento de cada ligação agente-monitor individual é efectuado através de um sub-thread conhecido como *AgentThread*. Quando o agente estabelece uma nova ligação ao monitor, a *MainMonitorThread* gera uma nova instância da *AgentThread* para supervisionar esta ligação.

Os pormenores destes tópicos, as suas concepções e interações, serão discutidos mais adiante no Capítulo 4. No entanto, a Figura 3.2 dá uma visão geral dos principais passos relativos ao funcionamento do monitor proposto. Quando o monitor é iniciado, ele primeiro inicializa as threads principais, incluindo a *MainMonitorThread* e a *MainConfigThread*, e inicia as máquinas virtuais pré-configuradas, uma de cada vez. O agente remoto comunicará com o monitor, o processo de verificação terá lugar e o processo de monitorização com esse agente específico será iniciado. Os pormenores de cada passo serão explorados no Capítulo 4.

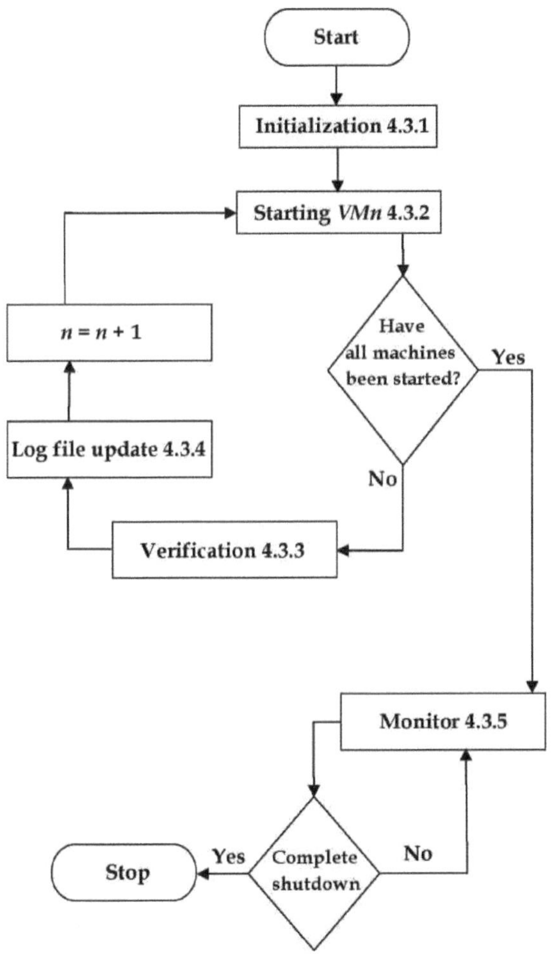

Figura 3.2 Vista geral da conceção proposta para o monitor

3.3.1 (b) Visão geral da conceção do agente

A conceção do agente de software proposto não é tão complicada como a do monitor. No entanto, o agente de software proposto é ele próprio multithread. O agente de software proposto tem uma thread principal, *AgentMainThread*, que é responsável pela supervisão da comunicação com o monitor remoto, e outras sub-threads. A Figura 3.3 ilustra a conceção do agente de software proposto; os pormenores de cada passo serão explorados mais tarde no Capítulo 4.

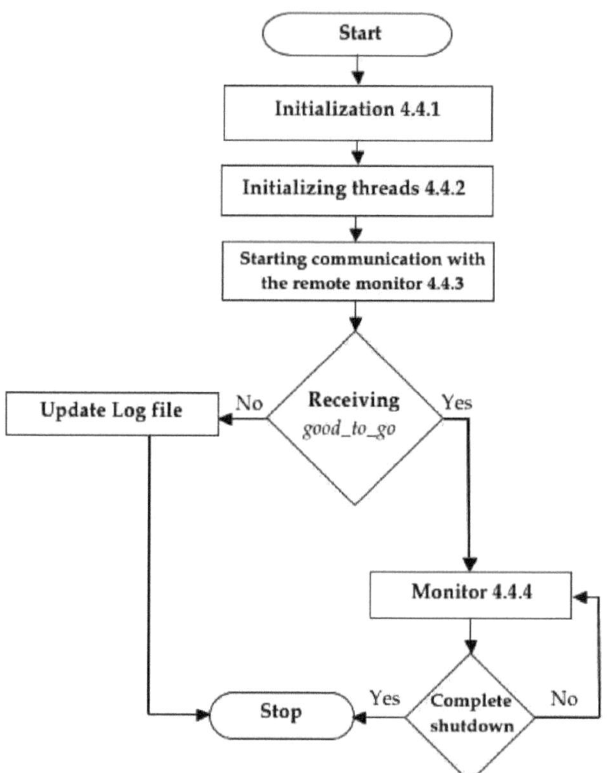

Figura 3.3 Visão geral da conceção do agente de software proposto

3.3.2 Monitorizar o spooler de cópia de segurança

Tal como sugerido pela análise do monitor proposto (cf. Secção 3.2.1), se o monitor encontrar uma máquina virtual em funcionamento não saudável, o monitor recupera-a para um estado inicial saudável. O sucesso do processo de recuperação depende apenas da disponibilidade de cópias de segurança saudáveis por convidado (ou seja, instantâneos). De acordo com a Secção 3.2.3, o advento do sistema de ficheiros ZFS ajudou a alterar o design do spooler de backup tirando partido de uma das funcionalidades do ZFS, conhecida como Snapshot. A Tabela 3.1 apresenta uma comparação detalhada entre o spooler tradicional e o spooler baseado em ZFS.

Tabela 3.1 Comparação entre o spooler tradicional e o spooler baseado em ZFS

Spooler without ZFS	Spooler with ZFS
Backups of the virtual machine are accomplished by copying the virtual hard disk (cf. Chapter 2.1.5). Though, the process would be slow with large size virtual disks.	Backups are maintained by taking a ZFS snapshot. Taking a snapshot takes few seconds for whatever the ZFS partition/volume size is.
Rolling the backup done by deleting the old virtual disk first, and copy back one of the available backups. Rolling the backup would increase the downtime of the virtual machine with large size virtual disks.	Rolling ZFS snapshot takes few seconds only, for whatever the ZFS partition/volume size is. The downtime for the virtual machine to recover would be small compared to the other way.
The backed up virtual disks are portable across different platforms. They could be copied or moved to different machine.	Snapshots are fixed and can be used only by the host file system.
The backups will be fixed in size, for whatever small or big the changes are among the different backups.	The size of the snapshot is zero (byte) the moment it's been taken. The size of the snapshot will increase after changes start to happen.

A comparação na Tabela 3.1 revela vários factores. Em primeiro lugar, a realização de cópias de segurança contínuas (ou seja, instantâneos) é efectuada instantaneamente em comparação com a forma tradicional, o que diminui o tempo de recuperação da máquina. Em segundo lugar, os instantâneos são fáceis de manter e de gerir; um instantâneo não consome inicialmente qualquer espaço em disco e o seu tamanho só aumentará quando começarem a ocorrer alterações. Além disso, os instantâneos consomem espaço em disco diretamente do mesmo sistema de ficheiros a partir do qual foram criados; por conseguinte, não é necessário espaço em disco adicional. Comparando-o com a forma tradicional, as cópias de segurança terão um tamanho fixo, independentemente do tamanho das alterações efectuadas entre as diferentes cópias de segurança.

Quando o monitor encontra uma máquina em execução não saudável, o monitor consulta primeiro o spooler, e o instantâneo saudável mais próximo será revertido, ver Figura 3.4.

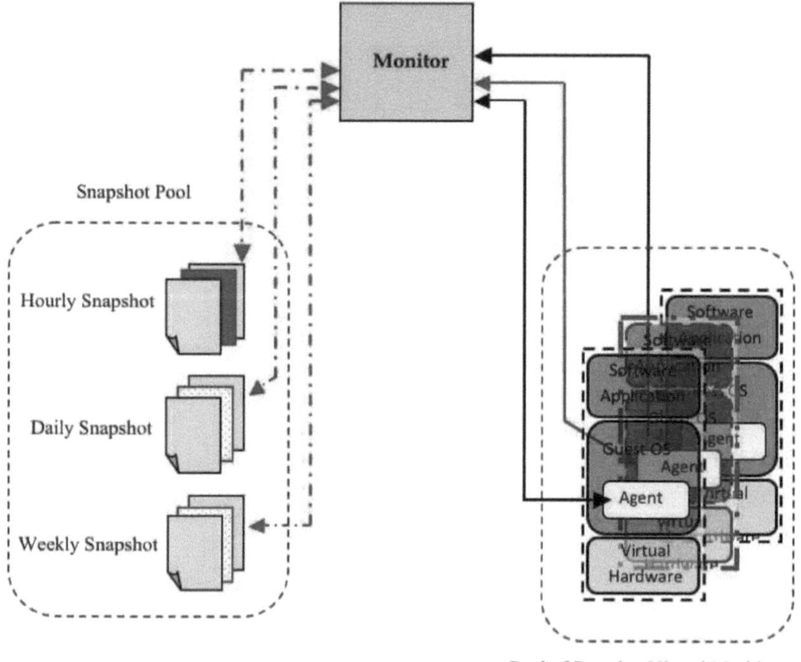

Figura 3.4 O spooler de backup do sistema proposto. A máquina virtual pintada a vermelho é uma máquina não saudável. O monitor está a consultar o spooler para identificar um instantâneo saudável do conjunto de instantâneos a ser revertido.

3.3.2(a) Conceção do spooler de reserva

O design do **spooler** de backup sugere que o spooler seja executado como subfunção, anexado a cada instância de *AgentThread* gerada pelo monitor. Cada instância *AgentThread* gerada pela *MainMonitorThread* supervisiona a conexão com o agente remoto, bem como supervisiona o processo de backup daquela máquina em particular. É possível ter o spooler de backup como um sub-thread independente, supervisionado pelo monitor, mas o fato é que qualquer mau funcionamento no thread do spooler resulta em afetar o processo geral de backup de todas as máquinas virtuais. Portanto, é melhor que os backups sejam tratados de forma independente e supervisionados individualmente por cada instância *do AgentThread.*

A Figura 3.5 explora o design do spooler de backup sugerido. A instância da função do spooler de backup verifica o carimbo de data/hora de cada snapshot pertencente à máquina virtual supervisionada por essa thread. Se algum dos instantâneos tiver expirado, com base no estado desse instantâneo, o spooler manterá um novo.

O estado de um instantâneo pode ser "revertido" ou "saudável"[7] . O estado de retrocesso significa que o monitor retrocede este instantâneo e que um novo instantâneo pode ser mantido diretamente. Enquanto que o estado saudável significa que o instantâneo existe, mas está expirado. O monitor tem de o destruir antes de um novo instantâneo ser mantido. Em ambos os casos, o spooler actualizará o ficheiro *Snapshot_Config* pertencente à máquina apropriada com a entrada adequada.

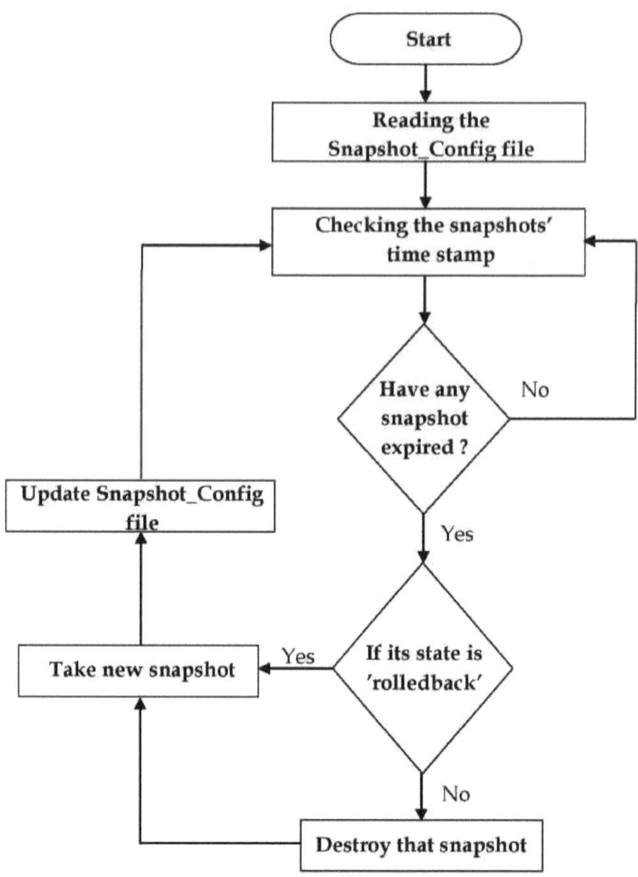

Figura 3.5 A conceção proposta do spooler de cópia de segurança

CAPÍTULO 4
IMPLEMENTAÇÃO
4.1 Introdução

Neste capítulo, serão apresentadas explicações detalhadas e fluxogramas que descrevem a implementação das funções e técnicas da estrutura proposta. Por exemplo, o monitor centralizado que trata das comunicações e da verificação dos agentes remotos, partilha e gere a informação entre diferentes agentes, a supervisão do ambiente multi-threads e as cópias de segurança programadas para todas as máquinas monitorizadas serão explicadas.

O final deste capítulo aborda a implementação da segunda parte da estrutura proposta (ou seja, o agente de software portátil remoto) e explora as interfaces disponibilizadas para configurar e controlar o sistema proposto.

4.2 Visão geral dos Threads do Monitor

A análise do monitor proposto (cf. Capítulo 3.2.1) revelou que o monitor é um ambiente multi-threaded, uma vez que várias funções têm de ser tratadas pelo monitor em simultâneo. Existem pré-processos que têm de ser iniciados antes de o monitor começar a aceitar ligações de qualquer agente remoto (como a inicialização da thread do monitor), e existem pós-processos que têm de ser executados após o fecho de qualquer ligação (como a execução do coletor de lixo das threads).

Trabalhar com um ambiente multi-threaded é um pouco delicado, especialmente quando se trata de partilhar recursos entre vários threads. O acesso a variáveis, conjuntos de dados, sinalizadores, etc., deve ser sincronizado. A sincronização de recursos partilhados garante um acesso de cada vez [93]. Quando uma determinada thread acede a qualquer dado partilhado, mantém um bloqueio de acesso aos dados, ao mesmo tempo que todos os acessos das threads são colocados em fila de espera para a libertação do recurso. O bloqueio de acesso garante que não haverá operações de leitura/escrita realizadas pelas threads até que a thread atual liberte o bloqueio dos dados. O monitor proposto tem duas threads principais responsáveis por supervisionar as funções do monitor e sub-threads, que são: *MainMonitorThread* e *MainConfigThread* (ver Tabela 4.1.A).

Outro aspeto importante relacionado com a programação de threads é o que se designa por *thread zombie*. Quando uma determinada thread gera várias sub-threads, pode acontecer que essa thread saia e uma ou mais das sub-threads geradas ainda não tenham saído ou terminado. O resultado é uma thread zombie não supervisionada [94].

Tabela 4.1.A Monitorizar threads e sub-threads principais

Thread Name	Started By	Terminated By	Purpose
MainMonitorThread	Main() function itself	Its own garbage collector directly after killing all monitor's threads and sub-threads in the case of monitors' complete shutdown.	Responsible for the second phase of the verification process between the remote agent and the monitor, and for controlling AgentThreads (start and shutdown).
MainConfigThread	Main() function itself	The *MainMonitorThread* garbage collector.	Responsible for the first phase of the verification process between the remote agent and the monitor, and spawning the tickets.
Trigvm	Main() function itself	It will be terminated by itself directly after starting all the configured virtual machines.	Starting all the configured virtual machines.
ReconfigThread	Main() function itself	The *MainMonitorThread* garbage collector.	Notifying the *MainMonitorThread* about the migrated machines (incoming ones).
AgentThread	MainMonitorThread	It has an independent garbage collector to terminate all the sub-threads spawned by this thread. In the case of monitors' complete shutdown, the *MainMonitorThread* garbage collector trigs the *AgentThread* garbage collector so it can kill the *AgentThread* and terminates all the sub-threads properly.	Each live connection with any remote agent controlled and managed by one *AgentThread*. The *AgentThread* handles the analyzes of the incoming messages from the remote agent and scheduling the backup process.

Quadro 4.1.B Monitorizar threads e sub-threads principais

Thread Name	Started By	Terminated BY	Purpose
Ping	*AgentThread*	*AgentThread* garbage collector	Periodically sending echo request to the remote VM to check the remote machine aliveness.
UpdateSnapshot	*AgentThread*	*AgentThread* garbage collector	It is one of the important sub-threads spawned by the *AgentThread*. *UpdateSnapshot* supervises and maintains the backup process. It keeps updating the snapshot file with date stamp and status of each Snapshot.
RollSnapshot	*AgentThread*	*AgentThread* garbage collector	*RollSnapshot* is a complete individual class, come along with his own variables and methods. *AgentThread* uses it to rollback snapshots upon the compromise of the remote machine. *RollSnapshot* consults snapshot data maintained by the *UpdateSnapshot* thread and decide which one to be rolled back.
MonitorShouldRun	Main() function itself	The thread will quit upon receiving the monitors' complete shutdown order from the user	Notifying the *MainMonitorThread* when monitor shutdown order issued by the user. The *MainMonitorThread* will immediately start the garbage collector and starts the complete shutdown process.
DisconfigThread	Main() function itself	*MainMonitorThread* garbage collector	Notifying the monitor about the outgoing migrated machines, these machines have to be permanently disconnected from the monitor. *DisconfigThread* will shutdown the machine and remove all related information from the data set.

O monitor proposto contém uma série de threads e sub-threads interligadas e colaborantes que dependem umas das outras para realizar as funções gerais do monitor. Por conseguinte, é necessário um coletor de lixo para garantir que todas as threads criadas são terminadas com êxito. O monitor proposto implementa dois colectores de lixo. Um é colocado na *MainMonitorThread*, que é responsável por verificar e eliminar todas as threads do monitor em caso de encerramento completo, enquanto o segundo está na *AgentThread*, responsável por terminar as sub-threads associadas à própria *AgentThread*.

A Figura 4.1 descreve a interação entre as threads do monitor e o acesso a dados partilhados. A *MainMonitorThread* só é acessível através da *MainConfigThread*. Todas as subthreads geradas pela *MainMonitorThread* só são acessíveis pelo coletor de lixo da *MainMonitorThread*, uma vez que têm de ser eliminadas em caso de encerramento completo.

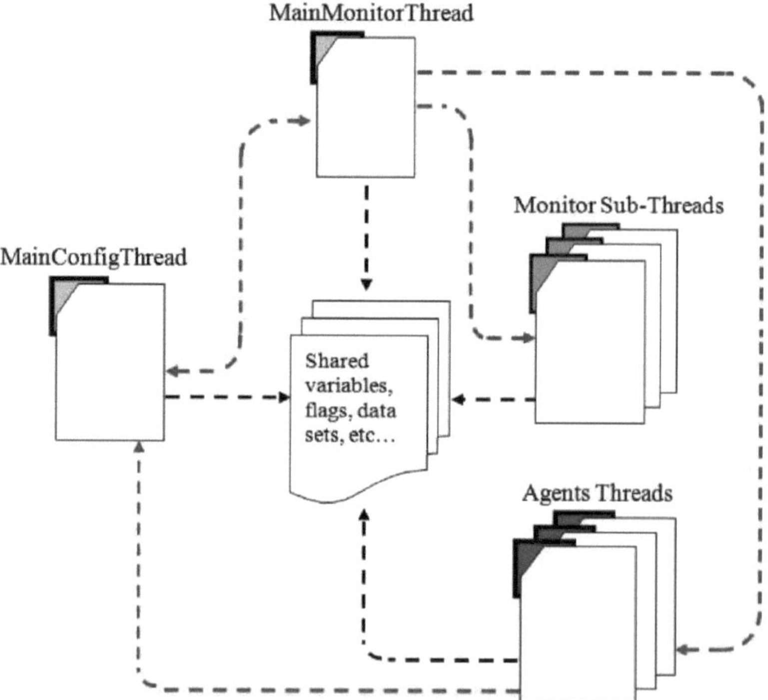

Figura 4.1 Controlo e interação das threads do monitor. As linhas pretas representam um acesso sincronizado a recursos partilhados disponíveis para todas as threads e métodos do monitor. Enquanto as linhas vermelhas representam a forma como as threads podem aceder umas às **outras**.

4.3 Como funciona o monitor

O desenho **do** monitor proposto, ilustrado na Figura **3**.2, explora a sequência dos principais passos relativos ao funcionamento do monitor proposto. Os pré-processos do monitor proposto envolvem a inicialização de variáveis, o arranque das máquinas virtuais pré-configuradas e termina com a verificação dos agentes remotos e o início do processo de monitorização.
Os pós-processos envolvem a análise dos estados comunicados das máquinas virtuais monitorizadas pelos agentes de software remotos, o coletor de lixo e, se for caso disso, a recuperação das máquinas não saudáveis ou congeladas. Os pormenores relativos aos pré e pós-processos serão explicados nas secções seguintes.

4.2.1 Inicialização

A inicialização é a primeira e mais importante etapa. A fase de inicialização tem três etapas principais:

1. Ler o ficheiro de configuração do monitor (que se encontra em */etc/monitor.conf*) e inicializar as principais variáveis do monitor, como as portas de trabalho do monitor, o endereço IP a escutar e o número de ligações configuradas.

2. Ler os ficheiros de configuração e inicializar o conjunto de dados de informações do monitor. O monitor mantém dois ficheiros separados para armazenar informações completas sobre cada ligação configurada (ou seja, máquina virtual monitorizada). O primeiro ficheiro contém as informações de ligação, como o nome do agente remoto, o nome da máquina virtual que aloja esse agente, o nome do anfitrião remoto, o endereço IP remoto, etc. Essas informações são usadas posteriormente no processo de verificação com o agente remoto. O segundo ficheiro é o ficheiro de configuração de instantâneos, onde são armazenados o carimbo de data e o estado de cada instantâneo.

   O monitor mantém um registo separado para cada ligação configurada que contém as configurações de ligação e as informações do agente remoto e partilha-as entre threads e métodos.

3. Iniciar as linhas de execução do monitor. Alguns desses threads são necessários apenas no momento da inicialização do monitor e morrerão depois de concluir suas tarefas. Por exemplo, a thread responsável por iniciar todas as VMs configuradas. Enquanto há outras threads que são essenciais no trabalho do monitor. Elas continuam trabalhando até o desligamento completo do monitor, organizadas entre os estados de suspensão e vigília (consulte a Tabela 4.1.A).

4.2.2 Iniciando o *VMn*

Iniciar as máquinas virtuais é um processo simples feito por uma subthread chamada *Trigvm* (cf. Tabela 4.1.A). *O Trigvm* inicia as máquinas virtuais através da utilização do *xm*; ferramenta de interação e gestão do hipervisor Xen (cf. Capítulo 2.1.8). Inicia uma máquina de cada vez, aguardando que a máquina arranque, enviando regularmente pedidos de eco para verificar o seu estado. Assim que houver uma resposta, o *Trigvm* interrompe o *MainConfigThread,* fazendo com que este inicie o processo de verificação do agente de software remoto em execução nessa máquina em particular. Entretanto, o *Trigvm* iniciará a próxima máquina configurada.

4.2.3 Verificação

O processo de verificação é o passo mais importante antes do início do processo de monitorização com qualquer agente de software remoto, uma vez que decide se o agente de software remoto em execução nessa máquina específica é legítimo ou não. A *MainConfigThread* supervisiona o processo de verificação. A verificação de qualquer agente de software remoto é um processo simples, feito através da comparação da informação existente nos registos de dados (cf. Secção 4.3.1) com a informação recebida do agente remoto.

O processo de verificação é um procedimento de handshake TCP/IP, iniciado pelo agente remoto automaticamente após o início da VM. Como mostra a Figura 4.3, o processo começa com o envio da mensagem "*Hello*" para o *MainConfigThread*, que está pré-configurado para escutar numa porta específica as ligações de entrada. O *MainConfigThread* enviará a mensagem "*Hello*" de volta, seguida de três pedidos "*get*" para obter o nome do agente, o nome do anfitrião e o nome da VM. Depois de receber todas as informações necessárias, o processo de verificação é iniciado. Se o *MainConfigThread* não encontrar um registo correspondente, a tomada para esta ligação será fechada imediatamente. Após a correspondência, o processo de verificação prossegue com o envio da mensagem "*verified*" (*verificado*), seguido do envio de um bilhete e do *tempo de serviço*.

O bilhete enviado pelo *MainConfigThread* no final do processo de verificação será utilizado como uma identificação única para este agente em processos posteriores. Um bilhete pode ser qualquer peça de informação que possa ser utilizada para conceder determinados direitos [95]. O monitor proposto impala um número aleatório de dez dígitos como seu bilhete.

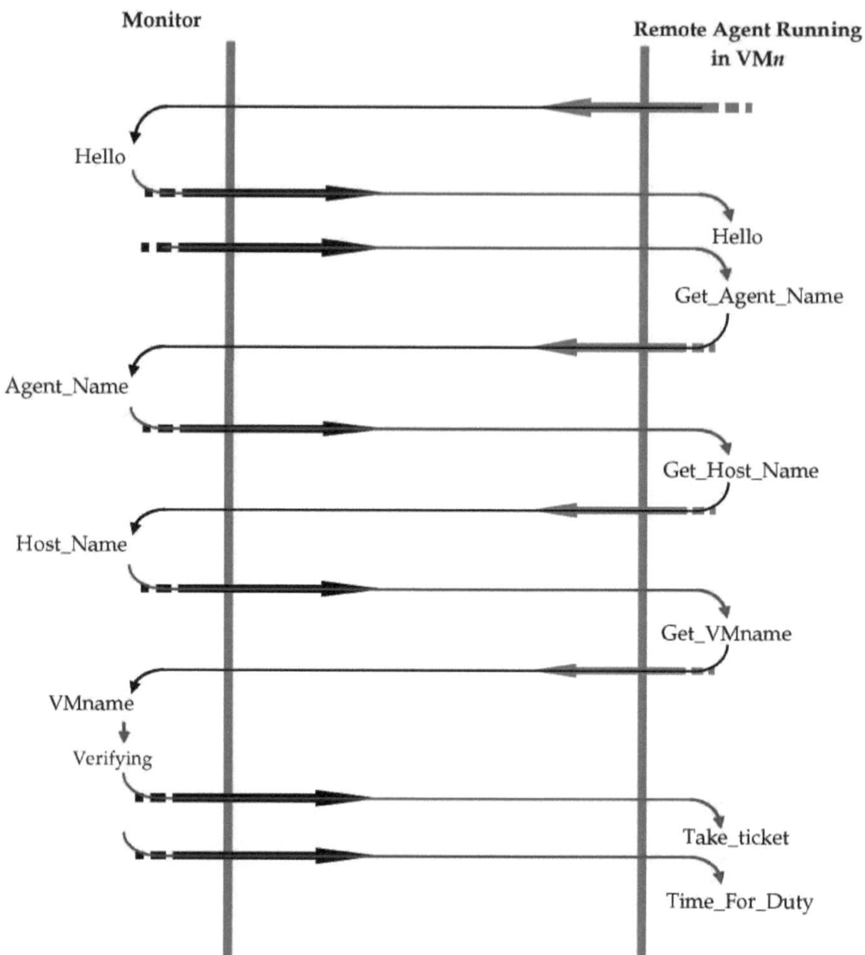

Figura 4.2 Processo de verificação agente-monitor

O tempo de serviço representa o tempo durante o qual o monitor deve consultar regularmente o estado da máquina remota que aloja um determinado agente. Por exemplo, se o *Tempo de serviço* estiver definido para dez minutos numa ligação específica, o monitor enviará a mensagem "*get_state*" uma vez a cada dez minutos para esse agente remoto específico. O envio do *Tempo de serviço* para o agente remoto permite-lhe dormir e, consequentemente, parar de ler quaisquer dados de entrada no socket, o que o torna menos vulnerável à receção de dados inválidos. Se for definido para dez minutos, o agente ficará a dormir durante nove minutos e meio e acordará para receber o pedido do monitor.

A receção do bilhete, da hora e o fecho do socket pelo agente remoto são o fim da primeira fase do processo de verificação. *A MainConfigThread* acorda a *MainMonitorThread* para que esta sirva o agente verificado. Após fechar o socket com a *MainConfigThread*, o agente remoto iniciará outra ligação TCP/IP, desta vez, com a *MainMonitorThread*. Tal como na primeira fase, o agente remoto iniciará o processo enviando uma mensagem "*Take_ticket*" para o *MainMonitorThread*. Ao receber o bilhete, o *MainMonitorThread* verifica se este é um bilhete válido concedido pelo *MainConfigThread* a este agente em particular. Após a validação do bilhete, o *MainMonitorThread* gera uma nova instância do *AgentThread* para iniciar o processo de monitorização com o agente remoto, associado a uma cópia do registo correspondente.

4.2.4 Atualização do ficheiro de registo

A maioria dos administradores de sistemas utiliza normalmente ficheiros de registo para acompanhar os processos e actividades gerais do sistema. Os ficheiros de registo armazenam mensagens para resolver problemas associados ao sistema ou à segurança. Estas mensagens são geradas pelo kernel do sistema, pelos serviços e pelas interações dos utilizadores com o sistema. O sistema actualiza sequencialmente os ficheiros de registo com eventos e mensagens relevantes. Existem ficheiros de registo no sistema proposto. O monitor regista a maior parte das acções importantes, como as ligações de entrada, todos os passos do processo de verificação, a falha e o sucesso na criação de threads, a gestão de VM (como o encerramento ou o arranque da VM), a criação e a reversão de snapshots, etc.

A atualização do ficheiro de registo com todas as mensagens é feita através do método *writelog*, executado como uma thread sincronizada autónoma. O ficheiro de registo armazena mensagens sequenciais; cada linha está dividida em três campos principais, ver Figura 4.4.

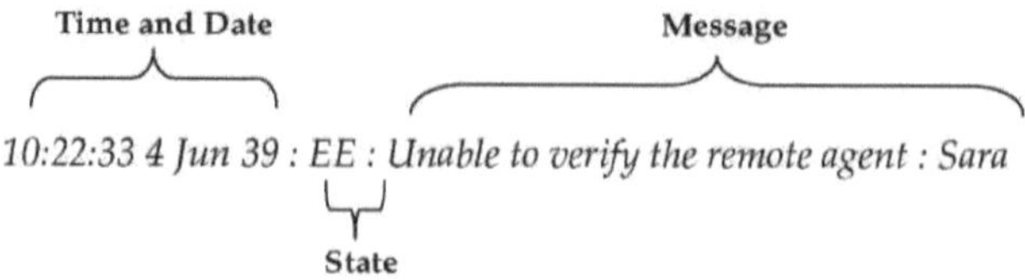

Figura 4.3 Exemplo de entrada no ficheiro de registo

O primeiro campo contém a hora e a data em que a mensagem foi gerada. O segundo campo é designado por *estado da mensagem*. O estado da mensagem pode ser um erro, representado por "EE" quando algo corre mal, ou um acerto, representado por "OK" para o sucesso. O último campo contém a mensagem. A partir do ficheiro de registo, o administrador pode ter uma visão completa dos processos do sistema. Isto ajuda o administrador a tomar as medidas necessárias quando algo corre mal.

4.3.5 Monitorização

Quando as variáveis e os conjuntos de dados são inicializados, todas as máquinas virtuais são iniciadas e todas as threads atingem o seu estado final, algumas delas estão a servir agentes remotos e outras estão prontas e a dormir, à espera de serem interrompidas quando outras threads precisarem delas (como *a MainConfigThread*), o monitor atingiu o que se chama a fase de monitorização, em que as únicas threads em execução são a(s) *AgentThread*(s). Cada instante *da AgentThread* está dividido em várias subthreads e métodos, ajudando a cumprir as suas funções (ver Tabela 4.1.B). Com base no *tempo de serviço*, o *AgentThread* inquirirá o estado da máquina remota através do agente de software e analisará o estado de entrada, que pode ser *"comprometido"* ou *"ok"*.

A receção de uma mensagem *"comprometida"* significa que a máquina remota já não está a funcionar como esperado. Portanto, o *AgentThread* executará uma sequência de etapas para recuperar essa máquina para um estado saudável anterior. A primeira ação é enviar uma mensagem *"going_down"* para o agente remoto. Após isso, o agente fechará imediatamente o socket e sairá. O segundo passo é 'matar' (ou seja, destruir) a VM remota, e por último, o *AgentThread* irá consultar o spooler para escolher um snapshot saudável e temporariamente mais próximo para ser revertido, veja a Figura 4.4.

Depois de reverter o instantâneo mais próximo, o *AgentThread* aguarda alguns segundos para que as alterações tenham efeito e, em seguida, inicia novamente a máquina. O *AgentThread* regista todos estes processos no ficheiro de registo. Se não houver nenhum instantâneo disponível para ser revertido, a máquina será desligada permanentemente e será deixada uma mensagem para o administrador no ficheiro de registo.

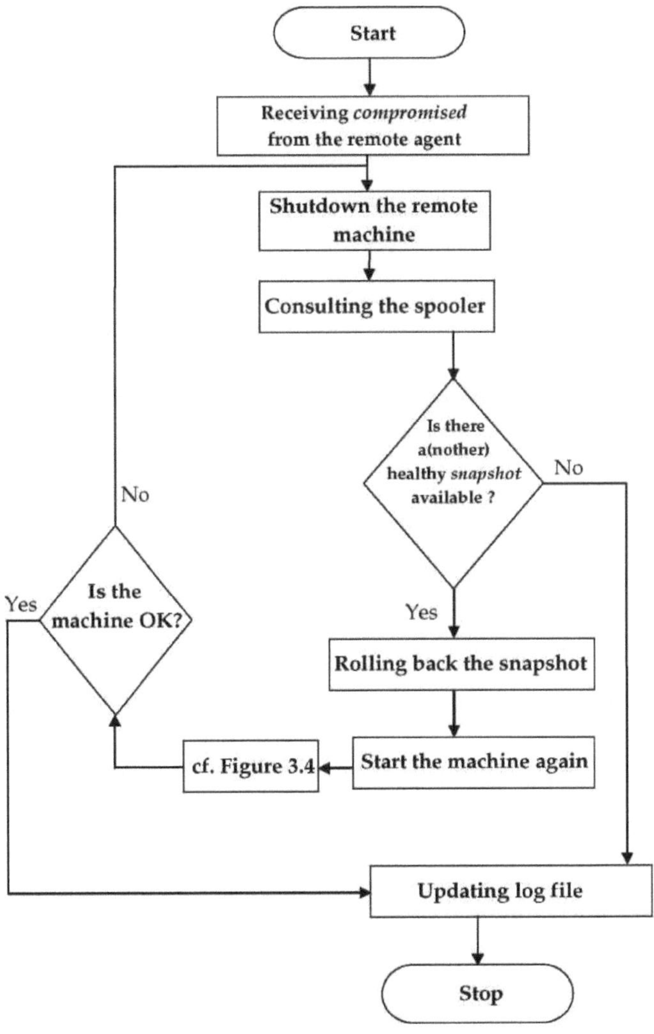

Figura 4.4 Vista geral do processo de retrocesso de instantâneos

Há casos em que, mesmo depois de reverter um instantâneo, o agente de software remoto ainda informa que a máquina não está saudável. Consequentemente, todo o processo de reversão será iniciado novamente até que o aviso desapareça ou o *AgentThread* tenha revertido todos os instantâneos disponíveis para essa máquina.

4.4 Agente

O agente de software é a segunda parte mais importante do sistema proposto; é portátil e independente da plataforma (cf. Capítulo 3.2.2). A principal função de um agente é monitorizar a máquina e comunicar o seu estado ao monitor remoto. A conceção do agente proposto é simples, em comparação com o monitor, mas também é multithread. Está dividido em duas partes principais: a primeira parte é responsável por iniciar o processo de verificação com o monitor remoto (ver secção 4.3.3) e, em caso de sucesso, a primeira parte accionará a segunda parte para iniciar o processo de monitorização com o monitor remoto. Passa o bilhete recebido e o *tempo de serviço* necessário para que a segunda parte se verifique a si própria e inicie o processo de monitorização. Dividir o agente em duas partes manteve-o simples e pequeno.

A Figura 3.3 ilustra a sequência e os principais passos para iniciar a verificação e começar o processo de monitorização. Em seguida, serão explicados mais pormenores sobre os pré e pós-processos.

4.4.1 Inicialização

A inicialização das definições do agente é semelhante à fase de inicialização do monitor (cf. secção 4.3.1). Trata-se apenas da leitura das definições do agente, como o endereço IP, o número de portas, o endereço IP do monitor remoto e o número de portas.

4.4.2 Inicialização de Threads

O agente tem três threads principais, uma para o encerramento, outra para verificar o estado do sistema e a terceira é a *AgentMainThread*. A *AgentMainThread* é responsável por estabelecer e gerir a ligação com o monitor, incluindo o envio e receção de mensagens e ordens do monitor.

Por vezes, a máquina (ou seja, a VM remota) tem de ser desligada para manutenção ou tem de ser reiniciada após a instalação de software. Para começar a efetuar a manutenção necessária, o agente tem de notificar o monitor de que esta máquina terá de ser desligada ou temporariamente desconectada. O *ShutdownThread* verifica se existe uma ordem de encerramento do agente emitida pelo administrador do sistema. Ao receber a ordem de encerramento, notifica o *AgentMainThread* que, por sua vez, envia uma notificação ao monitor remoto de que esta máquina será desligada para manutenção. O monitor deixará de monitorizar esta máquina em particular até que esta volte a estar online. Depois de terminar a manutenção, o agente deve ser reiniciado manualmente para restabelecer a ligação e retomar o processo de monitorização.

A terceira thread principal é a *CheckThread*. Como a análise do agente de software proposto mostrou que o administrador do sistema pode ligar/reconfigurar o agente para ouvir/ler ficheiros. A thread *CheckThread* é responsável por esta função; lê/sente ficheiros e interrompe a *AgentMainThread* quando necessário.

4.4.3 Comunicação com o Monitor Remoto

A comunicação com o monitor começa imediatamente após a leitura do ficheiro de configuração e a inicialização das threads. Trata-se de iniciar o processo de verificação e de iniciar o processo de monitorização. Juntamente com o bilhete recebido e o *tempo de serviço* durante o processo de verificação (ver secção 4.3.3), o agente inicia a comunicação enviando uma mensagem "*Take_ticket*" ao monitor remoto (ou seja, *MainMonitorThread*), seguida do *nome do agente*. Após a verificação pelo *MainMonitorThread*, este responde com uma mensagem "*good_to_go*". A receção desta mensagem faz com que o agente inicie o processo de monitorização. Caso contrário, o agente actualiza o ficheiro de registo com a mensagem que lhe foi devolvida pelo monitor, executa o coletor de lixo e sai (cf. Figura 3.3).

4.4.4 Monitor

Com base no *tempo de serviço*, o *AgentThread* e o *AgentMainThread* sincronizam a troca de mensagens. Exatamente antes do fim do *tempo de serviço*, o *AgentThread* prepara-se para enviar uma mensagem "*getstatus*" e o *AgentMainThread* remoto prepara-se para responder ao pedido do monitor.

Ao receber qualquer tipo de instruções ou mensagens desconhecidas do monitor remoto, o agente fecha a ligação e encerra a VM, e mantém uma cópia da mensagem exacta que foi recebida do monitor no ficheiro de registo para verificação posterior. Para além disso, existem erros habituais conhecidos que podem ocorrer nas ligações de socket, como a reposição da ligação, o tempo limite no socket e a receção de dados nulos. Nesses casos, o monitor deixará uma mensagem no ficheiro de registo a comunicar o erro exato e a destruir a máquina que aloja o agente.

4.5 Um diagrama de temporização geral

Nesta secção, será apresentada uma explicação geral da calendarização de todas as acções e processos, a fim de se ter uma ideia da sequência das etapas à medida que vão ocorrendo.

Como mostra a Figura 4.5, o monitor proposto foi configurado com duas máquinas. Em **1**, o monitor é iniciado e inicia a thread *MainMonitorThread*, *MainConfigThread* e *Trigvm*. O *Trigvm* começará a iniciar as VMs configuradas. No momento **2**, a primeira VM foi iniciada (ou seja, VM-1). A thread *Trigvm* continuará enviando mensagens de eco para o endereço IP da VM-1 (ou seja, fazendo ping no IP remoto). No momento em que este responde, *a Trigvm* acorda a *MainConfigThread* para verificar o agente remoto (cf. Secção 4.3.3). Quando a *MainConfigThread* verifica o agente, a *MainConfigThread* acorda a *MainMonitorThread* para realizar a segunda parte do processo de verificação e iniciar o processo de monitorização (ver Secção 4.3.3 e Secção 4.4).

Quando o *MainMonitorThread* faz a verificação, uma nova instância do *AgentThread* será gerada pelo *MainMonitorThread* para lidar com a comunicação com o agente remoto na VM-1. A thread *Trigvm* iniciará a próxima máquina configurada (ou seja, VM-2) e todos os processos entre **2** e **3** ocorrerão novamente entre **3** e **4** para verificar o segundo agente.

No final de **4**, estão em execução duas instâncias *de AgentThread* (i.e. *AgentThread1* e *AgentThread2*), duas threads em suspensão (i.e. *MainMonitorThread* e *MainConfigThread*) e a thread *Trigvm* é terminada, uma vez que não há mais nenhuma máquina para iniciar. Esta fase representa a fase de monitorização do monitor proposto (cf. secção 4.3.5).

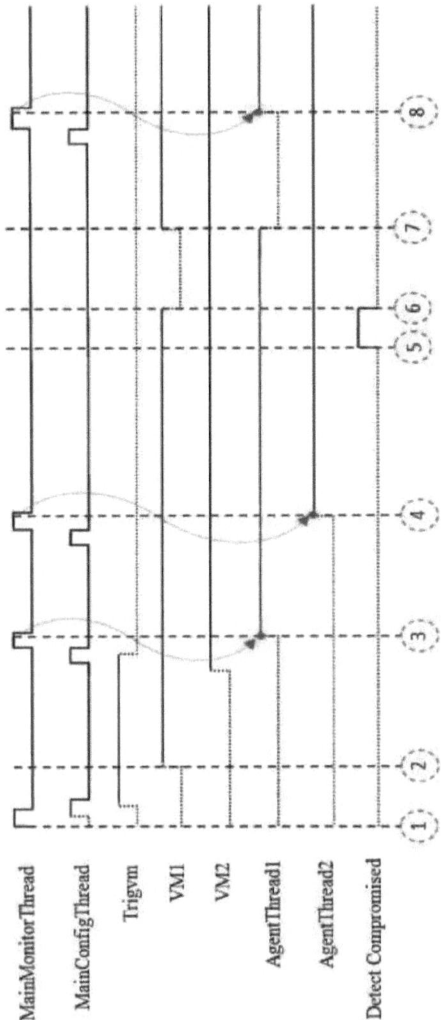

Figura 4.5 Diagrama de tempo global da ação do sistema

Ao receber uma mensagem de "*comprometido*" de qualquer agente remoto, o *AgentThread* que trata da ligação com esse agente específico tem de encerrar a máquina e preparar o processo de reversão (ver secção 4.3.5). Como mostra o ponto **5** da Figura 4.5, a AgentThread1 recebeu a mensagem "*comprometido*" do agente em execução na VM-1. A máquina remota será destruída, o AgentThread1 fará o rollback do snapshot correto e a máquina será reiniciada novamente, ver momento **6** e **7** na Figura 4.5.

Depois de reiniciar a máquina, a AgentThread1 acorda a *MainConfigThread* para verificar novamente o agente remoto. Depois de o agente ter sido verificado, uma nova instância da *AgentThread* será gerada pela *MainMonitorThread* para servir novamente a máquina, momento **8**. O mesmo cenário de acções acontecerá a qualquer uma das máquinas virtuais em execução se o *AgentThread* (ou seja, a instância do AgentThread responsável pela monitorização dessa máquina específica) receber uma mensagem de "*comprometido*" do agente remoto em execução nessa máquina específica.

4.6 Configurações e interação do sistema

O sistema proposto requer uma pré-configuração antes de começar a funcionar. As configurações são necessárias nos dois lados, monitor e agente. Por exemplo, o monitor tem de ser configurado para escutar uma interface Ethernet, a fim de poder escutar e aceitar ligações de agentes remotos e, eventualmente, iniciar o processo de monitorização.

O agente de software remoto também tem configurações, como o nome do agente, o endereço e as portas do monitor remoto, etc. Por conseguinte, foram implementadas interfaces no sistema proposto para facilitar o processo de configuração e controlar o sistema proposto. Os pormenores sobre estas interfaces são explicados a seguir:

4.6.1 Interface do monitor

Para começar a trabalhar com o monitor, digite *agentmon -help* no prompt da linha de comando. Como se pode ver na Figura 4.6, existem nove opções principais disponíveis que ajudam a configurar e administrar o monitor proposto. As configurações do sistema proposto são facilitadas através da formação de perguntas e respostas. Por exemplo, para configurar o monitor, emitir *o agentmon* com a opção *monconf*. O utilizador será solicitado a escolher qual a interface Ethernet adequada para o monitor ouvir e, em seguida, será solicitado a introduzir as duas portas necessárias para o monitor aceitar/verificar qualquer agente remoto e iniciar o processo de monitorização.

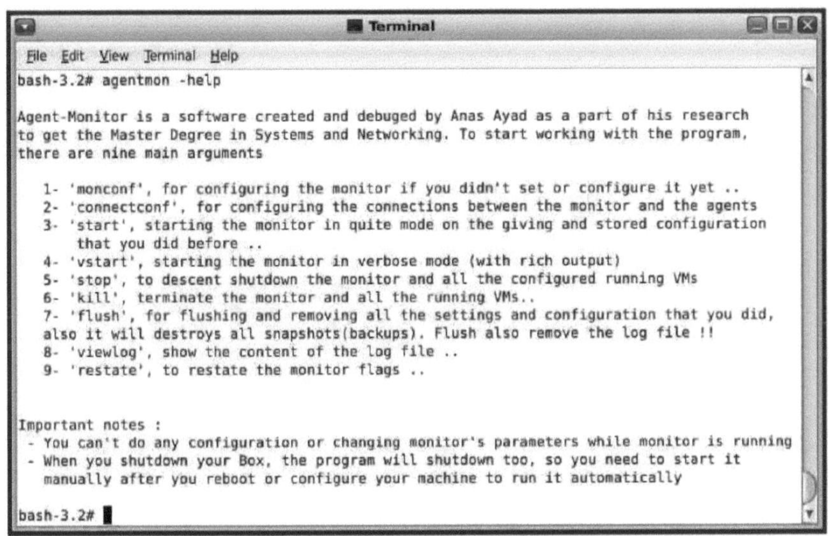

Figura 4.6 Opções principais do Agentmon

Entre as nove opções disponíveis, a opção *viewlog* é usada para ver o ficheiro de log do monitor (cf. Secção 4.3.4). A opção flush desinstala o monitor; todos os ficheiros de configuração (i.e. incluindo o monitor, máquinas monitorizadas, e ficheiros de snapshots) serão removidos, e todos os snapshots serão destruídos.

A configuração individual das ligações do agente de monitorização é efectuada através da passagem da opção *connectconf*. Por exemplo, *o Tempo de serviço* para cada ligação pode ser definido individualmente, e o caminho do volume/partição ZFS que contém o disco rígido da máquina virtual pode ser especificado (necessário para o spooler de backup). Passar a opção *connectconf* redirecciona para outra lista de sub-comandos que ajudam na gestão e configuração da ligação, veja a Figura 4.7. Por exemplo, ao passar o endereço IP de qualquer máquina virtual remota para o comando *getinfo, o getinfo* irá verificar se há um agente remoto configurado rodando na máquina virtual máquina virtual remota e pronto para ser ligado sob a supervisão do monitor. Enquanto que *List* é utilizado para visualizar todas as ligações configuradas actuais e o seu estado, e as opções *connect, disconnect* são utilizadas para adicionar novas máquinas virtuais a serem monitorizadas ou para as remover permanentemente.

```
Terminal
File  Edit  View  Terminal  Help
bash-3.2# agentmon connectconf
    for more information type help.
      :help
      These are all available commands :
    1- list - to list all the current and configured connections
    2- getinfo - to retrieve information from the remote VM machine
    3- connect - to add and configure a new connection to the Monitor
    4- disconnect - to remove a particuler connection from the Monitor
    5- quit - to exit ..
      :
```

Figura 4.7 Opções de configuração da ligação monitor-agente

4.6.2   Iniciar o Monitor

Referindo-se à Figura 4.6, há duas maneiras de iniciar o monitor proposto. Iniciar o monitor com a opção *vstart* (modo *detalhado*) traz uma saída detalhada; mostra todas as ações realizadas pelo monitor, começando com a leitura dos arquivos de configuração, iniciando threads, iniciando VMs, aceitando conexões, processo de verificação e mudanças ocorridas em backups de máquinas virtuais, etc.

A saída gerada ajuda o utilizador a compreender a maioria dos passos do monitor e a sua sequência à medida que ocorrem. Enquanto a outra forma de iniciar o monitor é o modo silencioso, onde o monitor inicia como um processo como outros processos do sistema, todas as acções e eventos serão registados no ficheiro de registo do monitor.

4.6.3   Ferramenta de interface do monitor

Todas as opções preliminares fornecidas pelo agentmon são utilizadas para a pré-configuração do monitor, juntamente com a configuração das ligações do agente do monitor. Depois de iniciar o monitor, o controlo das máquinas virtuais monitorizadas remotas em execução será efectuado através de outra ferramenta, denominada *monitorinterface*, ver Figura 4.8.

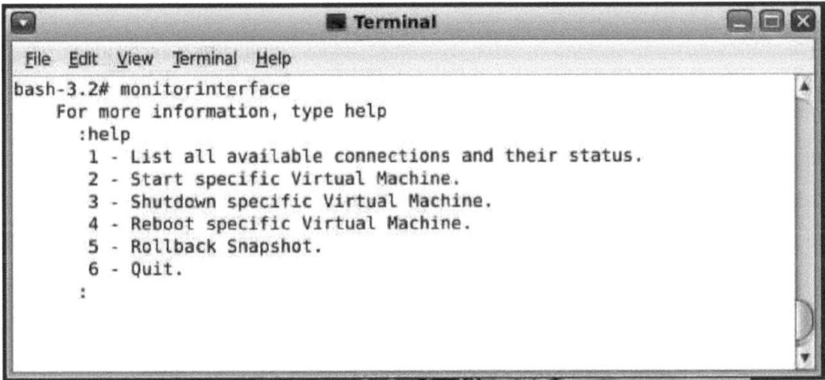

Figura 4.8 A ferramenta de interface do monitor.

Através da ferramenta monitorinterface, as máquinas virtuais monitorizadas podem ser reiniciadas manualmente ou desligadas permanentemente para serem migradas para outro anfitrião. A ferramenta monitorinterface permite a restauração manual de qualquer um dos instantâneos disponíveis pertencentes a qualquer máquina virtual em particular.

CAPÍTULO 5

TESTE

5.1 Introdução

A análise do sistema proposto (cf. Capítulo 3) sugeriu que o monitor deve manter três cópias de segurança diferentes em tempo útil por máquina virtual monitorizada, de modo a que, quando o monitor encontrar uma máquina em funcionamento não saudável, esta seja recuperada a partir de um estado saudável anterior. Também sugeriu que, se uma das máquinas virtuais monitorizadas perder a sua conetividade com o observador externo, o monitor reiniciará a máquina numa tentativa de a colocar novamente em funcionamento. Neste capítulo, será explorado um teste exaustivo do sistema proposto; para isso, são propostos e conduzidos dois cenários de teste para examinar as formas acima referidas, o resultado gerado é ilustrado e o comportamento do sistema é explicado.

5.2 Conceção do teste

O primeiro cenário de caso de teste envolve a interrupção da ligação entre o monitor e o agente de software remoto. Quando o monitor não consegue alcançar essa máquina, a máquina será considerada morta e ocorrerá um reinício dessa máquina. O segundo cenário envolve a adulteração do sistema de ficheiros de um dos sistemas convidados monitorizados em execução. Isto solicitará ao agente de software que comunique ao monitor um estado não saudável da máquina e, como resultado, o monitor iniciará o processo de recuperação dessa máquina virtual. O teste sugerido será detalhado nas secções seguintes.

5.2.1 Configuração

O primeiro passo na execução dos testes é a configuração das máquinas virtuais. Três máquinas virtuais (duas máquinas executando LINUX e uma executando Windows XP SP2) são configuradas para este teste. Cada máquina virtual tem 512 MB de RAM e 1 VCPU. O teste será realizado numa máquina Pentium 4 (processador Intel Quad-core), com 4GB de RAM. Para observar de perto cada passo dado pelo monitor, o monitor será iniciado no modo *verboso* (cf. Capítulo 4.6.2). Aqui está o output gerado pelo monitor após o seu arranque:

```
Bash-3.2# agentmon vstart
These are all the available connections

Connection number : 1

    -   Agentname : Agent1
    -   Hostname : labmaterial.uniten.edu.my
    -   Imagepath : rpool/zfspart1
    -   Imagetype : zfspartition
    -   IP Address : 172.20.22.51
    -   Vmname : Linux-Hvm1
    -   Remote Port : 450
    -   Time for duty : 40
    -   Time alive : 60
```

Connection number : 2

    -   Agentname : Agent2
    -   Hostname : assignments.uniten.edu.my
    -   Imagepath : /export/home/linuxhard2.img
    -   Imagetype : singleimage
    -   IP Address : 172.20.22.53
    -   Vmname : Linux-Hvm2
    -   Remote Port : 320
    -   Time for duty : 200
    -   Time alive : 40

Connection number : 3

    -   Agentname : Agent3
    -   Hostname : labtutorials.uniten.edu.my
    -   Imagepath : /export/home/xphard.img
    -   Imagetype : singleimage
    -   IP Address : 172.20.22.43
    -   Vmname : Xp-Hvm
    -   Remote Port : 210
    -   Time for duty : 600
    -   Time alive : 34

Done Starting all the systems threads

Linux-Hvm1 starts successfully
Sleeping for a while
checking if the machine is up : Not yet
Sleeping for a while
checking if the machine is up : Not yet
Sleeping for a while
checking if the machine is up : Not yet
Sleeping for a while
checking if the machine is up : Yes

 - somebody wakes me up , what!!
 - Aha , there is an incoming connection need to be served!!   ②
 - wait to accept!

Linux-Hvm2 starts successfully
Sleeping for a while

-Remote agent 'Agent1' working on 'labmaterial.uniten.edu.my' is
been verified successfully

Interrupting the MainMonitorThread to serve the new incoming   ③
connections

checking if the machine is up : Not yet
Sleeping for a while

Receiving a connection from : /172.20.22.51:450

```
monitoring process start successfully on the remote agent : Agent1

checking if the machine is up : Not yet
Sleeping for a while
checking if the machine is up : Not yet
Sleeping for a while

changes in 24hour one

checking if the machine is up : Yes


 - somebody wakes me up , what!!
 - Aha , there is an incoming connection need to be served!!
 - wait to accept!
```

The output has been truncated

Referindo-se a **1**, o primeiro resultado da saída gerada mostra uma lista detalhada de informações que descreve as máquinas virtuais configuradas. Depois que todas as threads de monitoramento foram iniciadas, a thread *Trigvm* inicia a primeira máquina virtual configurada, LinuxVM1. Nesta fase, a thread Trigvm continua a enviar mensagens echo para a máquina remota para verificar o seu estado, quando esta responde, a thread *Trigvm* interrompe a thread *MainConfigThread* para efetuar a verificação do agente remoto, ver passo **2**. Referindo-nos **a 3**, a *MainConfigThread* interrompe a *MainMonitorThread* para servir o agente verificado, ao mesmo tempo que *a Trigvm* inicia as restantes duas máquinas configuradas, seguindo o mesmo conjunto de processos (i.e. verificação e início do processo de monitorização).

Referindo-se a **4**, mostra que houve uma alteração nos **24 instantâneos** da primeira máquina virtual. No momento em que o processo de monitorização é iniciado em qualquer máquina em particular, a sub-rotina do spooler começa a verificar continuamente o estado de cada instantâneo pertencente a essa máquina em particular e a substituir os que estão ultrapassados. Neste caso, o instantâneo 24 expirou e, portanto, será destruído e substituído por um novo instantâneo.

5.1.1 Verificar a conetividade

Para verificar o estado das máquinas monitorizadas e de todas as ligações do agente de monitorização, a ferramenta *monitorinterface* (cf. Capítulo 4.6.3) pode listar todas as ligações atualmente configuradas e o seu estado, como se pode ver na Figura 5.1.

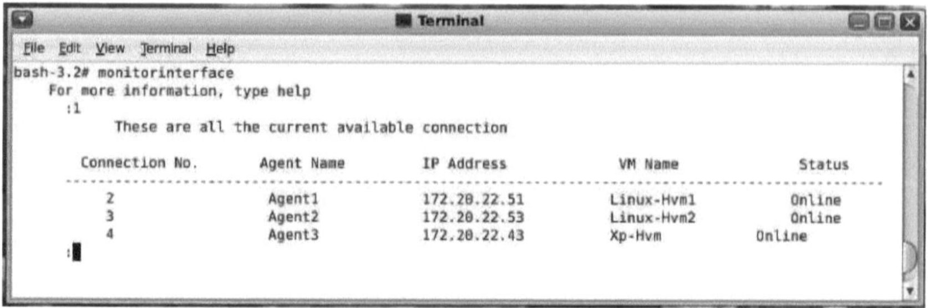

Figura 5.1 Listagem das ligações configuradas e respetivo estado

5.1.2 Reiniciar a máquina desaparecida

Tal como sugerido na análise do monitor proposto (cf. Capítulo 3.2.1), se uma das máquinas virtuais monitorizadas perder a sua conetividade com o observador exterior, a ligação monitor-agente será interrompida e o monitor não conseguirá contactar o agente remoto para solicitar ao agente que volte a comunicar. Por conseguinte, o monitor "mata" essa máquina e reinicia-a de novo, numa tentativa de a colocar novamente em funcionamento. Para examinar a forma acima descrita, a interface Ethernet de uma das máquinas virtuais em funcionamento foi desligada manualmente, o que resultou na quebra da conetividade monitor-agente, pelo que o monitor não conseguiu contactar o agente remoto em funcionamento nessa máquina virtual.

Como se pode ver na Figura 5.1, a máquina 'Linux-Hvm2' aloja o agente 'Agent2' e tem uma interface Ethernet configurada com o endereço IP '172.20.22.53'. Uma vez que Linux-Hvm2 com um sistema operativo baseado em Linux, o comando ifconfig[VII] será utilizado para desligar a interface configurada. O seguinte comando é utilizado para cumprir o objetivo:

ifconfig eth0 down

Referindo-nos à Tabela 4.1.B, o *PingThread* é utilizado pelo *AgentThread* para enviar pedidos electrónicos para a máquina virtual monitorizada remotamente. *O PingThread* está configurado para enviar pedidos a cada quinze segundos, quando não recebe resposta da máquina remota, *o PingThread*

[VII] O comando ifconfig é um utilitário de administração do sistema em sistemas operativos do tipo Unix/Linux, utilizado para controlar e configurar interfaces de rede.

notifica o *AgentThread* e o *AgentThread* reinicia a máquina. Como o monitor está sendo executado no modo detalhado, a saída gerada pelo monitor é a seguinte:

```
Error : Connection lost with remote machine : 172.20.22.53

Garbage collector start on threads work for : Agent2
All threads are killed successfully

The remote system seems not reachable, the monitor will kill that
Vm and start it again


OK : machine killed successfully
OK : machine start successfully


 - somebody wakes me up , what!!
 - Aha , there is an incoming connection need to be served!!
 - wait to accept!


-Remote agent 'Agent2' working on 'assignments.uniten.edu.my' is
been verified successfully


Interrupting the MainMonitorThread to serve the new incoming
connections

Receiving a connection from : /172.20.22.53:320

monitoring process start successfully on the remote agent : Agent2
```

5.2.4 Recuperação da máquina virtual não saudável

Para observar o processo de recuperação automática da máquina virtual monitorizada não saudável, o agente de software alojado numa das máquinas virtuais configuradas é reconfigurado para ouvir uma ferramenta de verificação de integridade, conhecida como Rkhunter. O Rkhunter é uma ferramenta de código aberto, usada para descobrir adulteração de ficheiros de sistema [96]. De forma anunciada, o sistema convidado é adulterado através da execução de um script que simula uma corrupção do sistema de ficheiros com intenções maliciosas. Quando a ferramenta descobre os danos fictícios causados pelo script, a saída detectada pela ferramenta faz com que o agente informe que a máquina não está a funcionar corretamente. Como resultado, o monitor inicia o processo de recuperação dessa máquina em particular. A Figura 5.2 ilustra a configuração para esta máquina. A ferramenta Rkhunter está configurada para analisar constantemente os ficheiros do sistema convidado em busca de qualquer adulteração/dano e o agente de software remoto está configurado para o ouvir.

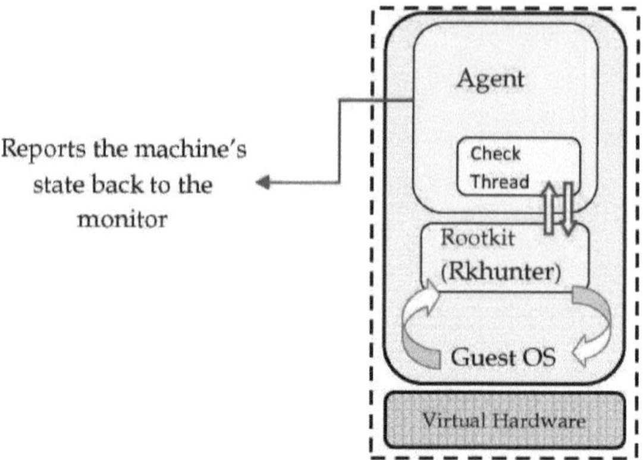

Figura 5.2 Configuração do agente de software

No momento em que o monitor detecta o comprometimento, ele destrói essa máquina específica, identifica o backup íntegro mais próximo entre os backups disponíveis para essa máquina a ser revertida e, finalmente, tenta reiniciar a máquina virtual. A Figura 5.3 mostra a sequência temporal exacta (em minutos) das acções que ocorrem no momento em que o monitor detecta que o Linux-Hvm1 está comprometido.

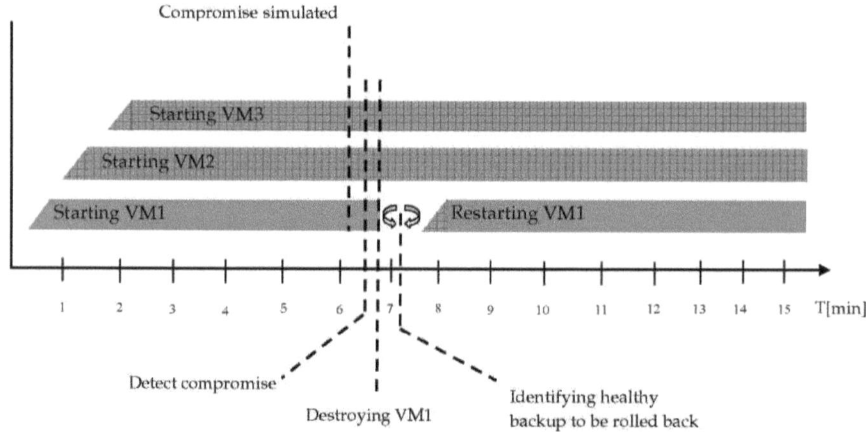

Figura 5.3 Diagrama de tempo geral da recuperação da máquina virtual

Uma vez que o monitor está a ser executado no modo detalhado, a saída gerada pelo monitor após a recuperação da máquina é a seguinte

```
The remote machine: labmaterial.uniten.edu.my has been compromised!

Garbage collector start on threads work for : Agent1
All threads are killed successfully

OK : machine killed successfully

Rolling snapshot was successful

Starting the Vm after rolling snapshot
OK : machine start successfully

- Somebody wakes me up , what !!
- Aha, there is an incoming connection need to be served!!
- wait to accept !");

-Remote agent 'Agent1' working on 'labmaterial.uniten.edu.my' is
been verified successfully

Interrupting the MainMonitorThread to serve the new incoming
connections

Receiving a connection from : /172.20.22.51:450

monitoring process start successfully on the remote agent : Agent1
```

Após o processo de recuperação, o agente remoto volta a comunicar automaticamente com o monitor no momento em que a máquina é arrancada. O processo de verificação ocorrerá mais uma vez entre o agente e o monitor remoto e o processo de monitorização é iniciado. Em casos raros, quando uma das máquinas virtuais remotas está comprometida e não existe uma cópia de segurança saudável disponível para ser revertida para essa máquina específica, o monitor encerrará essa máquina permanentemente e deixará uma mensagem no ficheiro de registo para o administrador do sistema.

5.3 Sumário

Observando a linha de tempo do procedimento, veja a Figura 5.3, o monitor levou alguns segundos para identificar o backup íntegro correto e menos de um minuto para reverter e reiniciar a máquina. O monitor foi configurado para aguardar um intervalo de quinze segundos após o processo de reversão para se certificar de que as alterações foram efectuadas. O snapshot revertido será destruído, e o
o ficheiro de configuração do snapshot para essa máquina específica será atualizado com a entrada adequada.

CAPÍTULO 6
CONCLUSÃO E TRABALHO FUTURO

6.1 Conclusão

Nos últimos anos, a tecnologia de virtualização penetrou na maioria dos aspectos computacionais. Proporcionando soluções para uma variedade de problemas de TI, bem como abrindo novas oportunidades de pesquisa. Nesta tese, propusemos e implementámos uma estrutura para colmatar ou tentar reduzir a lacuna de conhecimento no mundo onde os ambientes virtualizados são a norma. O modelo proposto, baseado em agentes, conseguiu monitorizar o estado interno e externo da máquina virtual numa única solução. A estrutura proposta conseguiu a introspeção interna da máquina virtual através do agente de software portátil e fornece a consciência do estado externo através do envio de pedidos de eco. A recuperação da máquina virtual monitorizada nos casos em que o sistema convidado remoto deixa de funcionar como esperado (devido a infeção por vírus, corrupção do sistema de ficheiros, etc.) ou quando um determinado ambiente virtual congela ou falha, é automatizada e não necessita da intervenção do administrador do sistema, o que aumenta a disponibilidade da máquina virtual.

6.2 Trabalho futuro

O sistema apresentado nesta tese constitui uma base sólida para trabalhos futuros. De seguida, são propostos três tópicos de investigação futura:

1. Atualmente, o agente de software implementado não possui qualquer tipo de IA. O agente detecta alguns ficheiros específicos configuráveis e actua/relata ao monitor remoto. Por conseguinte, a implementação de técnicas de IA no agente proposto pode ser útil.

2. Uma vez que o sistema implementado coloca agentes de software nas máquinas virtuais remotas em funcionamento, os agentes remotos podem executar ou atuar como executores remotos das instruções que lhes são transmitidas através do monitor da máquina anfitriã. Assim, ajuda a administrar todas as máquinas virtuais em execução através de uma consola central (ou seja, o monitor).

REFERÊNCIAS

[1]   C. Strachey, "*Time-Sharing in Large Fast Computers*", In Proceeding of the International Conference on Information Processing, Paris, UNESCO, 1960, pp. 336 - 341.

[2]   Marshall D., Reynolds W. A., McCrory D., "*Advanced Server Virtualization: Vmware and Microsoft Platforms in the Data Center*", RCR Press, 2006, pp 8 - 11.

[3]   Goldworm B., Skamarock A., "*Blade Servers and Virtualization*", John Wiley and Sons, 2007, pp. 93 - 100.

[4]   Hagen W. V., "*Professional Xen Virtualization*", John Wiley and Sons, 2008, pp. 2 - 15.

[5]   Williams D. E., Garcia J. R., Crosby S. (FRW), "*Virtualização com Xen: Including XenEnterprise, XenServer, and XenExpress*", Syngress, 2007, pp. 26 - 32.

[6]   Matthews J., Dow E. M., Deshane T., Hu W., Bongio J., Johnson B., Wilbur P. F., "*Running Xen: A Hands-on Guide to the Art of Virtualization*", Prentice Hall, 2008, pp. 5 - 13.

[7]   Hammersley E., "*Professional Vmware Server*", John Wiley and Sons, 2006, pp. 1 - 6.

[8]   Nanda S., Chiueh T., "*A Survey on Virtualization Technologies*", Recuperado em 10/4/2009 às 15:15, de <www.ecsl.cs.sunysb.edu/tr/TR179.pdf>.

[9]   Goldworm B., Skamarock A., "*Blade Servers and Virtualization*", John Wiley and Sons, 2007, pp. 102.

[10]   Matthews J., Dow E. M., Deshane T., Hu W., Bongio J., Johnson B., Wilbur P. F., " *Running Xen: A Hands-on Guide to the Art of Virtualization* ", Prentice Hall, 2008, pp. 11 - 13.

[11]   Ruest N., "*Microsoft Windows Server 2008: The Complete Reference*", McGraw-Hill Professional, 2008, pp. 443 - 444.

[12]   Ruest D., "*Virtualization: A Beginner's Guide*", McGraw-Hill Professional, 2009, pp. 272 - 276.

[13]   Goldworm B., Skamarock A., "*Blade Servers and Virtualization*", John Wiley and Sons, 2007, pp.

102.

[14]   Williams D. E., Garcia J. R., Crosby S. (FRW), "*Virtualization with Xen: Including XenEnterprise, XenServer, and XenExpress*", Syngress, 2007, pp. 31 - 32.

[15]   Gaskin J. E., "*When apps are virtualized*", Network World, 2005, Recuperado em 30/3/2009 às 20:32, de

<http://www.networkworld.com/supp/2005/ndc1/022105virtual.html?page=1>.

[16]   Price B., Mosby C., Rutherford J., Crumbaker R. D., Urban C. W., "*Mastering System Center Configuration Manager 2007*", John Wiley and Sons, 2009, pp. 231 - 233.

[17]   Clark T., "*Storage Virtualization: Technologies for Simplifying Data Storage and Management*", Addison-Wesley, 2005, pp. 100 - 115.

[19]   Menken I., Blokdijk G., "*Virtualization: The Complete Cornerstone Guide to Virtualization Best Practices: Concepts, Terms, and Techniques for Successfully Plan* ", Lulu.com, 2008, pp. 70 - 72.

[20]   Associação da Indústria de Redes de Armazenamento (SNIA). "*Storage Virtualization I: What, Why, Where and How*", consultado em 31/3/2009 às 20:40, de <http://www.snia.org/images/tutorial docs/VirtualStnds/Peglar Virtualization I.p df>.

[21]   Hagen W. V., "*Professional Xen Virtualization*", John Wiley and Sons, 2008, pp. 3.

[22]   Cisco Press, "*Network Virtualization-Path Isolation Design Guide*", pp. 3. Retrieved on20/8/2008at3:   40pm,   from <www.cisco.com/web/strategy/docs/gov/ccmigration.pdf>.

[23]   Williams D. E., Garcia J. R., Crosby S. (FRW), "*Virtualization with Xen: Including XenEnterprise, XenServer, and XenExpress*", Syngress, 2007, pp. 30 - 31.

[24]   Goldworm B., Skamarock A., "*Blade servers and virtualization: transforming enterprise computing while cutting costs*", John Wiley and Sons, 2007, pp. 95.

[25]   Hagen W. V., "Professional Xen Virtualization", John Wiley and Sons, 2008, pp. 2.

[26]   Goldworm B., Skamarock A., *Blade servers and virtualization: transforming enterprise computing while cutting costs*", John Wiley and Sons, 2007, pp. 93.

[27]   Smith J. E., Nair R., *Virtual Machines: Versatile Platforms for Systems and Processes*", Morgan Kaufmann Publishers, 2005, pp. 1 - 13.

[28]   Figueiredo R., Dinda P. A., Fortes J., *Introdução dos Editores Convidados: O Renascimento da Virtualização de Recursos"*, IEEE Computer Society, Vol. 38, Issue: 5, 2005, pp. 28 - 31.

[29]   Whitaker A., Cox R. S., Shaw M., Gribble S. D., *Rethinking the design of virtual machine monitors*", IEEE Computer Society, Vol. 38, issue:5 , pp. 57 - 62.

[30]   Marshall D. W., Reynolds W. A., McCrory D., *Advanced server virtualization: Vmware and Microsoft platforms in the virtual data center*", CRC Press, 2006, pp. 3.

[31]   Sungjoo Y., Jerraya A. A., *Introduction to hardware abstraction layers for SoC*", In Proceedings of the Design, Automation and Test in Europe Conference and Exhibition, 2003, pp. 336 - 337.

[32]   Smith J. E., Nair R., *Virtual Machines: Versatile Platforms for Systems and Processes*", Morgan Kaufmann Publishers, 2005, pp. 1 - 13.

[33]   Smith J. E., Nair R., *The Architecture of Virtual Machines*", IEEE Computer Society, 2005, vol. 38, número: 5, pp. 32 - 38.

[34]   Marshall D., Reynolds W. A., McCrory D., *Advanced Server Virtualization: Vmware and Microsoft Platforms in the Data Center*", RCR Press, 2006, pp. 27 - 29.

[35]   Popek G. J., Goldberg R. P., *Formal Requirements for Virtualizable Third Generation Architectures*", Communications of the ACM, Vol.12, No.7, 1974, pp. 412 - 421.

[36]   Huai J., Li Q., Hu C., *CIVIC: a Hypervisor based Virtual Computing Environment*", Conferência Internacional sobre Workshops de Processamento Paralelo, 2007, pp. 51.

[37]   Smith J. E., Nair R., *Virtual Machines: Versatile Platforms for Systems and Processes*", Morgan Kaufmann Publishers, 2005, pp. 387.

[38]   Marshall D., Reynolds W. A., McCrory D., "*Advanced Server Virtualization: Vmware and Microsoft Platforms In The Data Center*", RCR Press, 2006, pp. 29 - 30.

[39]   Robin J. S., Irvine C. E., "*Analysis of the Intel Pentium's ability to support a secure virtual machine monitor*", Actas da 9th conference on USENIX Security Symposium, Vol. 9, 200, pp. 10.

[40]   Smith J. E., Nair R., "*Virtual Machines: Versatile Platforms for Systems and Processes*", Morgan Kaufmann Publishers, 2005, pp. 282 - 283.

[41]   Smith J. E., Nair R., "*Virtual Machines: Versatile Platforms for Systems and Processes*", Morgan Kaufmann Publishers, 2005, pp. 375 - 379.

[42]   Jones S. T., "*Implicit Operating System Awareness In A Virtual Machine Monitor*", Tese de Doutoramento, Universidade de Wisconsin-Madison, 2007, pp. 9 - 12.

[43]   Marshall D., Reynolds W. A., McCrory D., "*Advanced Server Virtualization: Vmware and Microsoft Platforms In The Data Center*", RCR Press, 2006, pp. 32 - 37.

[44]   Dittner R., Rule D., Jr., Majors K., Seldam M. T., "*Virtualization with Microsoft Virtual Server 2005*", Syngress, 2006, pp. 166 - 191.

[45]   Pfaff B., Garfinkel T., Rosenblum M., "*Virtualization Aware File Systems: Getting Beyond the Limitations of Virtual Disks*", 3rd Symposium of Networked Systems Design and Implementation (NSDI), 2006.

[46]   Goldworm B., Skamarock A., "*Blade Servers and Virtualization*", John Wiley and Sons, 2007, pp. 95 - 100.

[47]   Williams D. E, Garcia J. R., Crosby S. (FRW), "*Virtualization With Xen*", Syngress, 2007, pp. 26 - 29.

[48]   Hammersley E., "*Professional Vmware Server*", John Wiley and Sons, 2006, pp. 1 - 5.

[49]   Smith J. E., Nair R., "*Virtual Machines: Versatile Platforms for Systems and Processes*", Morgan Kaufmann Publishers, 2005, pp. 83 - 95.

[50]   Sítio oficial da Sun, visitado em 25/8/2010 às 4:20 PM de < http://docs.sun.com/app/docs/doc/817-1592> .

[51]   Marshall D., Reynolds W. A., McCrory D., "*Advanced Server Virtualization: Vmware and Microsoft Platforms In The Data Center*", RCR Press, 2006, pp 11 - 12.

[52]   Sítio Web oficial da PearPC, visitado em 17/11/2009 às 19:30h   ,
<http://pearpc.sourceforge.net/>.

[53]   BochsOfficialwebsite   ,   visitadoem17/11/2009às7   :30PM ,
<http://bochs.sourceforge.net/>.

[54]   Sítio Web oficial da QEMU   ,   visitado em   18/11/2009   às 19   :33h
       ,
<http://www.qemu.org/>.

[55]   Smith J. E., Nair R., "*An Overview of Virtual Machine Architecture*", Elsevier Science, 2003.

[56]   Tick J., Tiszai T., "*Server Virtualization in Intelligent Traffic Control System*", International Symposium on Logistics and Industrial Informatics", 2007, pp. 179 - 183.

[57]   Menken I., Blokdijk G.," *Virtualization: The Complete Cornerstone Guide to Virtualization Best Practices: Concepts, Terms, and Techniques for Successfully Plan*", Lulu.com, 2008, pp. 73 - 74.

[58]   Menken I., Blokdijk G., "*Virtualization: The Complete Cornerstone Guide to Virtualization Best Practices: Concepts, Terms, and Techniques for Successfully Plan*", Lulu.com, 2008, pp. 62 - 64.

[59]   Smith J. E., Nair R., "*Virtual Machines: Versatile Platforms for Systems and Processes*", Morgan Kaufmann Publishers, 2005, pp. 445 - 460.

[60]   Marshall D., Reynolds W. A., McCrory D., "*Advanced Server Virtualization: Vmware and Microsoft Platforms In The Data Center*", RCR Press, 2006, pp. 15 - 24.

[61]   Marshall D., Reynolds W. A., McCrory D., "*Advanced Server Virtualization: Vmware and Microsoft Platforms in the Data Center*", RCR Press, 2006, pp. 47 - 68.

[62]   Dittner R., Rule D., Jr., Majors K., Seldam M. T., "*Virtualization with Microsoft Virtual Server 2005*", Syngress, 2006, pp. 3 - 7.

[63]   Hagen W. V., "*Professional Xen Virtualization*", John Wiley and Sons, 2008, pp. 15 - 24.

[64]   Williams D. E., Garcia J. R., Crosby S. (FRW), "*Virtualization with Xen: Including XenEnterprise, XenServer, and XenExpress*", Syngress, 2007, pp. 9 - 19.

[65]   Solter N. A., Jelinek J., Miner D., "*OpenSolaris Bible*", John Wiley and Sons, 2009, pp. 3 - 7.

[66]   Site oficial do OpenSolaris, visitado em 25/9/2009 às 16:12 de <http://www.opensolaris.org/os/community/xen/,jsessionid=7975359E68CF9B0C49 6600489FED876B>.

[67]   Sítio Web oficial do OpenSolaris, visitado em 25/9/2009 às 16:20 de <http://jp.opensolaris.org/os/community/xen/devdocs/developers/rj sessionid=1CD E55298EDE6D9EB00FB9BDC79C0004>.

[68]   Sítio Web oficial da Sun Microsystems, Documentos em linha, consultado em 25/9/2009, às 19:30, em <http://docs.sun.com/app/docs/doc/819-5461/6n7ht6qsb?a=view>.

[69]   Arneson R., "*Backup and Recovery Snapshots for Vmware ESX Server With Sun™ Storage 7000 Unified Storage System*", Sun Microsystems, 2009, Recuperado em 30/19/2009 às 20:32, de <http://www.sun.com/bigadmin/features/articles/7000 snapclone.jsp>.

[70]   Chen P. M., Noble B. D., "*When Virtual Is Better Than Real*", In Proceeding of the eighth workshop on hot topics in Operating Systems, 2001, pp. 133 - 138.

[71]   Jones S. T., "*Implicit Operating System Awareness In A Virtual Machine Monitor*", Tese de Doutoramento, Universidade de Wisconsin-Madison, 2007, pp. 1 - 3.

[72]   Waldspurger C. A., "*Memory Resource Management in VMware ESX Server*", In Proceeding of the 5th Symposium on Operating Systems Design and Implementation, 2002, pp. 181 - 194.

[73]   Pfoh J., Schneider C., Eckert C., "*A Formal Model for Virtual Machine Introspection*", In proceedings of the 1st ACM workshop on Virtual machine security, Chicago, Illinois, USA, 2009, pp. 1 - 10.

[74]   Payne B. D., de Carbone M. D., Wenke Lee, "*Secure and Flexible Monitoring of Virtual Machines*", Computer Security Applications Conference, Twenty third annual, 2007, pp. 385 - 397.

[75]   Garfinkel T., Rosenblum M., "*A Virtual Machine Introspection Based Architecture for Intrusion Detection*", In Proceeding of Network and Distributed Systems Security Symposium, 2003, pp. 191 - 206.

[76]   King S.T., Chen P.M., "SubVirt: Implementing Malware with Virtual Machine", Simpósio IEEE sobre Segurança e Privacidade, 2006, pp. 313 - 327.

[77]   Kourai K., Chiba S., "*HyperSpector: Monitorização Virtual Distribuída Environments for Secure Intrusion Detection*", In Proceedings of the 1st ACM/USENIX international conference on Virtual execution environments, 2005, pp. 197 - 207.

[78]   Payne B. D., Carbone M., Sharif M., Wenke Lee, "*Lares: An Architecture for Secure Active Monitoring Using Virtualization*", IEEE Symposium on Security and Privacy, 2008, pp. 233 - 247.

[79]   Azab A. M., Ning P., Sezer E., Zhang X., "*HIMA: A Hypervisor-Based Integrity Measurement Agent*", In proceedings of the 2009 Annual Computer Security Applications Conference, 2009, pp. 416 - 470.

[80]   Fraser T., Evenson M., Arbaugh W., "*VICI Virtual Machine Introspection for Cognitive Immunity*", Conferência sobre Aplicações de Segurança Informática, Anaheim, CA, 2008, pp. 87 - 96.

[81]   Baiardi F., Sgandurra D., "*Building Trustworthy Intrusion Detection Through VM Introspection*", Third International Symposium on Information assurance and Security, 2007, pp. 209 - 214.

[82]   Agente. (2009). *In Merriam-Webster Online Dictionary*. Recuperado em 29 de abril de 2009, de <http://www.merriam-webster.com/dictionary/agent>.

[83]   Hermans B., "*Intelligent Software Agents on the Internet: an inventory of currently offered functionality in the information society & a prediction of (near-)future developments*", Tese de Doutoramento, Universidade de Tilburg, Tilburg, Países Baixos, 1996, pp. 14.

[84]   Weiss G., "*Multiagent systems: a modern approach to distributed artificial intelligence*", MIT Press, 2000, pp. 79 - 83.

[85]   Bergenti F., Gleizes M. P., Zambonelli F., "*Methodologies and software engineering for agent systems: the agent-oriented software engineering handbook*", Springer, 2004, pp. 9.

[86]   Ahmad A., Ahmad M. S., Yusoff M. Z. M., "*An exploratory review of software agents*", Simpósio Internacional sobre Tecnologias da Informação, 2008, pp 1 - 8.

[87]   Hermans B., "*Intelligent Software Agents on the Internet: an inventory of currently offered functionality in the information society & a prediction of (near-)future developments*", Tese de Doutoramento, Universidade de Tilburg, Tilburg, Países Baixos, 1996, pp. 14 - 17.

[88]   Ali Z., "*Using Software Abstraction to Develop an Agent Based System*", Tese de Doutoramento, Sheffield Hallam University, 2004, pp. 9 - 12.

[89]   Agência. (2009). *In Merriam-Webster Online Dictionary*. Recuperado em 30 de abril de 2009, de <http://www.merriam-webster.com/dictionary/agency> .

[90]   Chen S., "*Role of the information infrastructure and intelligent agents in manufacturing enterprises*", Ablex Publishing Corp., USA, 1995, Vol.5, issue: 1, pp. 53 - 67.

[91]   Framer W., Guttman J., Swarup V., "*Security for Mobile Agents: Authentication and State Appraisal*", Actas do 4th Simpósio Europeu sobre Investigação em Segurança Informática, 1996, pp. 118 - 130.

[92]   Borselius N., "*Mobile agent security*", IEEE Electronics & Communication Engineering Journal, Londres, Vol. 14, No. 5, 2002, pp. 211 - 218.

[93]   Oaks S., Wong H., "*Java Threads*", O'Reilly and Associates, 1997, pp. 40 - 65.

[94]   Lewis B., Berg D. J., "*Multithreaded programming with Java technology*", Sun Microsystems Press, 2000, pp. 47 - 69.

[95]   Lee B., Kim T., Kang S., "*Ticket Based Authentication and Payment Protocol for Mobile Telecommunications Systems*", In proceedings of the Pacific Rim International Symposium on Dependable Computing, 2001, pp. 218 - 221.

[96]   Sítio Web oficial do Rkhunter, visitado em 25/11/2009 às 16:20 a partir de < http://www.rootkit.nl/>.

Apêndice A: Segmento de código para o processo de verificação e geração de bilhetes

1 - Método de verificação

```java
public static result verify(agent_record[] agent_info, Socket accepted , int ticket)
  {
    Result = new result() ;
    Result.check = false ;
    Result.error = " Unable to verify the remote Agent" ;
    BufferedReader checksocket_reader = null ;
    PrintWriter checksocket_writer = null ;
    String input1,input2,input3 = null ;
      try
      {
checksocket_reader= new BufferedReader(new
inputStreamReader(accepted.getInputStream()));
checksocket_writer = new PrintWriter(accepted.getOutputStream(),true);
      } catch(IOException er){ Result.error = "Error in creating checking socket :"
+ er.getMessage(); return Result;}

        try
        {
          accepted.setSoTimeout(5000);
          input1 = checksocket_reader.readLine();
          if(input1.contains("Hello"))
          {
          checksocket_writer.println("Hello");
```

```java
            checksocket_writer.println("getagentname");
            input1 = checksocket_reader.readLine();
            checksocket_writer.println("gethostname");
            input2 = checksocket_reader.readLine();
            checksocket_writer.println("getvmname");
            input3 = checksocket_reader.readLine();
            for(int i = 0;i < agent_info.length ;++i)
            {
if(agent_info[i] == null) continue;
if((agent_info[i].agent_name.equals(input1)) &&
(agent_info[i].host_name.equals(input2)) && (agent_info[i].vm_name.equals(input3)))
            {
 Result.check = true ;
Result.error = " Remote agent '" + input1 +"' working on '"+input2+"' is been verified
successfully ";
             Result.connectionnum = i ;
             checksocket_writer.println("startmonitor");
             checksocket_writer.println("taketicket");
             checksocket_writer.println(ticket);
             checksocket_writer.println("timeforduty");
             checksocket_writer.println(agent_info[i].time_duty);
             break ;
          }
          else continue;
          }
          return Result;


          }
          else { Result.error = "remote agent couldn't initiate the verfication process ! ";
return Result ; }
```

```java
        } catch(SocketTimeoutException er){ Result.error = "Time out while waiting the
remote agent to replay : " ; return Result ; }

        catch(IOException er){ Result.error =  "IOError ocurr while trying to verify the
remote agent : "+er.getMessage() ; return Result ;}
    }
```

Apêndice B: Segmento de código do spooler do sistema

```java
public static class updatesnapshot implements Runnable {
    private ObjectInputStream reader;
    private String snapshotfile, command ,weeklysnap , weeklystat, threedaysstat, threedayssnap,
tweny4stat, tweny4snap, lastroll ;
    private Calendar currenttime ;
    private Date weeklydate , threedaysdate , tweny4date ;
    private Process run = null ;
    private boolean changes = false, doitonse = true;
    private ObjectOutputStream writer = null ;
    private File snapfile = null ;

    public updatesnapshot(int connum, String workfor) {
        snapshotfile = connum+".snapshotconf.dat";
        command = null; weeklysnap = null ;
        weeklystat = null ; threedaysstat = null ;
        threedayssnap = null ; tweny4stat = null ;
        tweny4snap = null ; lastroll = null ;
        currenttime = null ; weeklydate = null ;
        threedaysdate = null ; tweny4date = null ;
        Thread update = new Thread(this);

        update.setName("Updatesnapshotworkfor "+workfor);
        update.start();

    }
```

```java
public void run()
{
  try {
     snapfile = new File("agentmon/src/agentsinfo/"+snapshotfile);
     reader = new ObjectInputStream(new FileInputStream(snapfile));
     weeklysnap = reader.readUTF();
     weeklystat = reader.readUTF();
     weeklydate = (Date) reader.readObject() ;
     threedayssnap = reader.readUTF();
     threedaysstat = reader.readUTF();
     threedaysdate = (Date) reader.readObject() ;
     tweny4snap = reader.readUTF();
     tweny4stat = reader.readUTF();
     tweny4date = (Date) reader.readObject() ;
     lastroll = reader.readUTF();
     reader.close();
     } catch(ClassNotFoundException ex) {
System.out.println(Thread.currentThread().getName()+" : Error in reading snapshot config file :
"+ex.getMessage()); System.out.println("Thread will quit !"); Thread.currentThread().stop(); }
        catch(IOException ex) { System.out.println(Thread.currentThread().getName()+" :
IOError occur while reading the snapshot config file !"+ex.getMessage());
System.out.println("Thread will quit !"); Thread.currentThread().stop(); }


    while(true)
    {
      try {
       currenttime = Calendar.getInstance();
       if(((currenttime.getTimeInMillis() - weeklydate.getTime()) / (1000 * 60 * 60 * 24)) >=7 )
       {
         System.out.println("changes in weekly one");
         weeklydate = currenttime.getTime() ;
         command = "zfs destroy"+" "+weeklysnap;
```

```java
        run = Runtime.getRuntime().exec(command);
        command = "zfs snapshot"+" "+weeklysnap;
        run = Runtime.getRuntime().exec(command);
        weeklystat = "healthy" ;
        changes = true ;
    }
    if((((currenttime.getTimeInMillis() - threedaysdate.getTime()) / (1000 * 60 * 60 )) >= 2.5 )
    {
        System.out.println("changes in 3days one");
        threedaysdate = currenttime.getTime() ;
        command = "zfs destroy"+" "+threedayssnap;
        run = Runtime.getRuntime().exec(command);
        command = "zfs snapshot"+" "+threedayssnap;
        run = Runtime.getRuntime().exec(command);

        threedaysstat = "healthy" ;
        changes = true ;
    }
    if((((currenttime.getTimeInMillis() - tweny4date.getTime()) / (1000 * 60 * 60)) >= 1)
    {
        System.out.println("changes in 24hour one");
        tweny4date = currenttime.getTime() ;
        command = "zfs destroy"+" "+tweny4snap;
        run = Runtime.getRuntime().exec(command);
        command = "zfs snapshot"+" "+tweny4snap;
        run = Runtime.getRuntime().exec(command);
        tweny4stat = "healthy" ;
        changes = true ;
    }
    if(changes)
        {
            if(doitonse) { doitonse = false; String s1 = weeklysnap; String[] s2 = s1.split("@");
s1 = s2[0]+"@temp"; vmethods.create_temp_snap(s1, 0);   }
            writer = new ObjectOutputStream(new FileOutputStream(snapfile)) ;
```

```java
                writer.writeUTF(weeklysnap);
                writer.writeUTF(weeklystat);
                writer.writeObject(weeklydate);
                writer.writeUTF(threedayssnap);
                writer.writeUTF(threedaysstat);
                writer.writeObject(threedaysdate);
                writer.writeUTF(tweny4snap);
                writer.writeUTF(tweny4stat);
                writer.writeObject(tweny4date);
                writer.writeUTF("update");
                writer.close();
                changes = false ;
            }
        else System.out.println("no changes !!");
        Thread.sleep(900000);


    } catch ( InterruptedException ex ) {
System.out.println(Thread.currentThread().getName()+" get interrupted !"); break ; }
        catch ( IOException ex ) { System.out.println(Thread.currentThread().getName()+" :
IOError occur in "+Thread.currentThread().getName()+" :"+ex.getMessage()); break; }




    }


} // end of run


}
```

Apêndice C: Segmento de código da classe de instantâneo de rolamento

```
public static class rollsnapshot {

  public rollsnapshot (String nameofsnapshotfile)
  {
    snapshotfile = nameofsnapshotfile ;
    weeklysnap = null ; threedaysdate = null ;
    tweny4snap = null ; threedayssnap = null ;
    weeklystat = null ; tweny4stat = null ;
    threedaysstat = null ; lastroll = null ;
    weeklydate = null ; tweny4date = null ;
  }
  public synchronized result start()
  {
    // reading snapshot config file
    rollresult.check = false ;
    rollresult.write = false ;
    rollresult.error = "No healthy snapshot available to be rolledback ";
    File snapbath = new File("agentmon/src/agentsinfo/"+snapshotfile);
    try {
      reader = new ObjectInputStream(new FileInputStream(snapbath));
      weeklysnap = reader.readUTF();
      weeklystat = reader.readUTF();
      weeklydate = (Date) reader.readObject() ;
```

```java
                threedayssnap = reader.readUTF();
                threedaysstat = reader.readUTF();
                threedaysdate = (Date) reader.readObject() ;
                tweny4snap = reader.readUTF();
                tweny4stat = reader.readUTF();
                tweny4date = (Date) reader.readObject() ;
                lastroll = reader.readUTF();
                reader.close();
        } catch(ClassNotFoundException ex) { rollresult.check = false ; rollresult.error =
"Error occur in reading class from the snapshot config file : "+ex.getMessage() ; return
rollresult; }


catch(IOException ex) { rollresult.check = false ; rollresult.error = "IOError occur while
reading the snapshot config file : "+ex.getMessage() ; return rollresult; }


    if((lastroll.equals("none")) | | (lastroll.equals("update")))
    {
      if(tweny4stat.equals("healthy")) {
                        rollresult = rollback(tweny4snap);
                        tweny4stat = "rolledback" ;
                        lastroll = tweny4snap ;
                        if(writeback(snapbath)) rollresult.write = true ;
                        return rollresult ;
                       }
      else if(threedaysstat.equals("healthy")) {
                        rollresult = rollback(threedayssnap);
                        threedaysstat = "rolledback" ;
                        lastroll = threedayssnap ;
                        if(writeback(snapbath)) rollresult.write = true ;
                        return rollresult ;
```

```
                            }
        else if(weeklystat.equals("healthy")) {
                            rollresult = rollback(weeklysnap);
                            weeklystat = "rolledback" ;
                            lastroll = weeklysnap ;
                            if(writeback(snapbath)) rollresult.write = true ;
                            return rollresult ;

                            }


        }
        else if(lastroll.equals(tweny4snap)) {
                            if(threedaysstat.equals("healthy")) {
                            rollresult = rollback(threedayssnap);
                            threedaysstat = "rolledback" ;
                            lastroll = threedayssnap ;
                            if(writeback(snapbath)) rollresult.write = true ;
                            return rollresult ;
                                            }
                            else if(weeklystat.equals("healthy")) {
                            rollresult = rollback(weeklysnap);
                            weeklystat = "rolledback" ;
                            lastroll = weeklysnap ;
                            if(writeback(snapbath)) rollresult.write = true ;
                            return rollresult ;
                                            }
                            }


        else if(lastroll.equals(threedayssnap)) {
                            if(weeklystat.equals("healthy")) {
                            rollresult = rollback(weeklysnap);
                            weeklystat = "rolledback" ;
```

```java
                        lastroll = weeklysnap ;
                        if(writeback(snapbath)) rollresult.write = true ;
                        return rollresult ;
                                }
                else { rollresult.error = "No healthy snapshot available to be
rolledback !!"; rollresult.check = false; return rollresult ; }
                                }
    else if(lastroll.equals(weeklysnap)) {
                        rollresult.error = "No snapshot available to be rolledback !!";
rollresult.check = false; return rollresult ;
                                }
    return rollresult ;
    }


    public synchronized result rollback(String snapname)
    {
        result rollbackresult = new result();
        String command = "zfs"+" "+"list"+" "+snapname;
        BufferedReader br = null ;
        try
        {
        Process p = Runtime.getRuntime().exec(command);
        try
        {
            br = new BufferedReader(new InputStreamReader(p.getErrorStream()));
            if(br.readLine().contains("cannot")) { rollbackresult.check = false ;
rollbackresult.error = "Snapshot : "+snapname+" seems not exist !!!!"; return
rollbackresult ; }
            else return null ;
        } catch (NullPointerException ex)
        {
```

```java
        command = "zfs rollback"+" "+"-rf"+" "+snapname;
        p = Runtime.getRuntime().exec(command);
        command = "zfs destroy"+" "+snapname;
try { Thread.sleep(30000); } catch( InterruptedException ex1 ) { }
        p = Runtime.getRuntime().exec(command);
           rollbackresult.check = true ;
        rollbackresult.error = " Done !";
        return rollbackresult ;
    }
    } catch ( IOException ex ) { rollbackresult.check = false ; rollbackresult.error = "
IOError occur while rolling back "+snapname+" snapshot !"; return rollbackresult ; }
    }
```